面向深度学习和数据驱动的
轨道交通轴承寿命预测
智能诊断方法

李常贤　宋旭东 ◎ 著

清华大学出版社
北京

内容简介

在轨道交通系统中,轴承的寿命和运行状态是影响整个系统安全性和可靠性的重要因素。提前诊断轴承故障并预测轴承的寿命在实际工程中十分重要。本书以提高轨道交通轴承寿命预测的准确性和高效性为目标,旨在介绍针对轨道交通轴承寿命预测的智能方法和技术,结合深度学习和大数据技术等领域最新成果,以提高轴承寿命预测的准确性和可靠性。本书系统地介绍了轨道交通轴承寿命预测模型构建的方法和技术。

全书共 10 章,主要内容包括轨道交通轴承寿命预测发展概要、轨道交通轴承结构及振动退化、轨道交通轴承寿命预测技术、基于卷积神经网络与支持向量回归的轴承寿命预测、基于深度信念网络与支持向量回归的轴承寿命预测、基于双向门控循环单元神经网络的轴承寿命预测、基于多尺度堆叠深度残差收缩网络的轴承寿命预测、变负载下的轴承寿命预测、基于 Hadoop 平台的轴承寿命预测、轨道交通轴承寿命预测系统设计与实现。

本书特色在于将面向深度学习和大数据的寿命预测智能方法应用到轴承寿命预测智能技术中,从而将寿命预测概念、深度学习、大数据技术及寿命预测应用很好地融合并完成了系统实现,方便读者更好地理解深度学习基本方法,更快地掌握寿命预测前沿技术及其应用。

本书可作为从事轨道交通寿命预测技术研究的科研人员和工程技术人员的参考用书,也可作为高等院校计算机科学与技术、软件工程、机械工程等相关专业研究生及高年级本科生的"寿命预测智能技术"课程教材。

图书在版编目(CIP)数据

面向深度学习和数据驱动的轨道交通轴承寿命预测智能诊断方法/李常贤,宋旭东著.
北京:清华大学出版社,2025.9. -- ISBN 978-7-302-68941-6

Ⅰ. U279.3—39

中国国家版本馆 CIP 数据核字第 2025RX0819 号

责任编辑:贾　斌　左佳灵
封面设计:何凤霞
责任校对:刘惠林
责任印制:曹婉颖

出版发行:清华大学出版社
　　　　　网　　址:https://www.tup.com.cn,https://www.wqxuetang.com
　　　　　地　　址:北京清华大学学研大厦 A 座　　　邮　　编:100084
　　　　　社 总 机:010-83470000　　　　　　　　邮　　购:010-62786544
　　　　　投稿与读者服务:010-62776969,c-service@tup.tsinghua.edu.cn
　　　　　质量反馈:010-62772015,zhiliang@tup.tsinghua.edu.cn
　　　　　课件下载:https://www.tup.com.cn,010-83470236
印 装 者:大厂回族自治县彩虹印刷有限公司
经　　销:全国新华书店
开　　本:170mm×230mm　　　印　张:12　　　字　　数:202 千字
版　　次:2025 年 9 月第 1 版　　　　　　　印　　次:2025 年 9 月第 1 次印刷
印　　数:1~1000
定　　价:69.00 元

产品编号:102549-01

　　伴随着快速发展的轨道交通产业,人们越来越重视交通工具的健康管理。剩余寿命预测作为故障预测与健康管理(PHM)技术的一项重要应用,需要进行深入的研究。轴承作为机械工程中至关重要的组成部分,在各种机械设备中承担着传递载荷、减少摩擦以及支撑旋转部件等关键功能。因此,轴承对象的性能和可靠性对于机械设备的工作效率和寿命具有重要影响。因轴承故障而导致的车辆的失控或者停止,可能会造成重大的人身伤害和财产损失。由于传统的故障预测技术存在局限性,我们引入了智能模型在轴承对象研究中的应用,包括机器学习、深度学习和大数据等技术。通过这些模型的高效应用,可以更准确地对轴承进行寿命预测,以提前采取必要的维护和保养措施,最大限度地减少设备故障带来的损失。本书详细介绍了不同类型的智能模型,并提供了实际系统应用。通过掌握这些技术,读者可以更好地分析和评估轴承的寿命预测情况,为设备运行和维护管理提供科学依据。为了系统总结在这一领域取得的研究成果,作者特撰写本书,以满足广大相关领域研究人员学习和研究的需求。

　　本书结合深度学习和大数据技术等领域最新成果进而提升轨道交通轴承寿命预测的准确性和高效性,系统地介绍了轨道交通轴承寿命智能预测模型构建的方法和技术。本书优点在于融合面向深度学习和大数据技术的寿命预测智能方法,从而优化轴承寿命预测智能技术应用。将寿命预测概念、深度学习、大数据技术及寿命预测应用融合在一起,便于读者能够更好地掌握深度学习基本方法、理解轴承寿命预测的前沿技术及其应用。

　　第1章主要介绍轨道交通轴承寿命预测的意义与内容、轴承寿命预测方法及其发展,以及基于振动信号分析和基于数据驱动的两种轨道交通轴承寿命预测方法。

　　第2章主要介绍轨道交通滚动轴承,包括轨道交通轴承分类、轴承结构分析、轴承性能退化表现与性能退化原因,以及轨道交通轴承振动机理,包括滚动轴承的固有振动、强迫振动、冲击振动3种类型的振动,以及滚动轴承的振动频率。

第3章主要介绍轨道交通轴承振动信号采集和信号数据预处理技术、轨道交通轴承性能退化特征提取技术与特征选择技术,以及轨道交通轴承寿命预测技术。

第4章提出一种基于卷积神经网络与支持向量回归的轴承寿命预测方法,具体包括基于卷积神经网络与支持向量回归轴承寿命预测的网络结构、寿命预测建模机理与建模策略,并结合美国辛辛那提数据集,完成基于卷积神经网络与支持向量回归的轴承寿命预测模型构建实验与模型验证实验。

第5章提出一种基于深度信念网络与支持向量回归的轴承寿命预测方法,具体包括基于深度信念网络与支持向量回归的轴承寿命预测网络结构与寿命预测建模机理、基于深度信念网络与支持向量回归的轴承寿命预测模型构建流程与构建算法,并结合法国 FEMTO-ST 研究所提供的 PRONOSTIA 轴承数据集,完成基于深度信念网络与支持向量回归的轴承寿命预测模型实验。

第6章提出一种基于循环神经网络的轴承寿命预测方法,具体内容包括基于循环神经网络的轴承寿命预测网络结构与寿命预测的模型构建、长短期记忆网络 LSTM 工作原理、门限循环单元 GRU 网络工作原理以及BiGRU 的工作原理、基于 PBiGRU 网络的轴承寿命预测模型构建流程与构建算法,并结合法国 FEMTO-ST 研究所提供的轴承数据集,完成基于循环神经网络的轴承寿命预测模型构建实验与模型验证实验。

第7章提出一种基于集成学习的轴承寿命预测方法,具体包括基于集成学习的轴承寿命预测工作原理与寿命预测网络结构、基于集成学习的轴承寿命预测模型构建方法与构建流程,并结合法国 FEMTO-ST 研究所提供的PRONOSTIA 轴承数据集,完成基于集成学习的轴承寿命预测模型实验。

第8章提出一种基于变负载的轴承寿命预测方法,具体包括基于变工况轴承寿命预测网络结构和一种基于 KLIC 和 PPMCC 的轴承寿命预测方法、基于变工况轴承寿命预测模型构建流程与构建算法,并结合美国辛辛那提大学智能维护系统中心提供的 IMS 轴承数据集和法国 FEMTO-ST 研究所提供的 PRONOSTIA 轴承数据集,完成基于变负载下的轴承寿命预测模型构建实验与模型验证实验。

第9章提出一种基于 Hadoop 平台的轴承寿命智能预测方法,具体包括大数据 Hadoop 平台框架、Hadoop 分布式文件系统 HDFS、Hadoop 分布式

计算 MapReduce、Hadoop 资源管理器 Yarn,并给出了基于 Hadoop 的轴承
故障诊断平台设计与实现,以及基于 Hadoop 的轴承寿命预测实验。

第 10 章集成前面提出的各种轴承寿命预测模型,采用信息系统开发方
法及大数据技术,构建基于大数据平台的轨道交通轴承寿命预测系统,具体
包括寿命预测系统平台框架设计与功能设计、寿命预测系统实现技术框架
与核心模块功能展示。

本书由大连交通大学李常贤教授和宋旭东教授撰写。在本书撰写过程
中,刘毅洋、吕欣然、张旗、袁一鸣、李帅阳、陈煜、许瀚文等研究生做了大量
辅助工作。在此,一并表示衷心的感谢。在本书的撰写过程中,参考了大量
的国内外著作、论文,以及技术论坛,在此向参考文献的作者表示感谢。

由于作者水平有限,书中不足之处在所难免,敬请广大读者批评指正。

作　者

2025 年 2 月

CONTENTS 目录

第1章 — chapter 1

轨道交通轴承寿命预测发展概要

　　轨道交通滚动轴承是轨道交通车辆走行部的关键部件,在实际工作运行环境下,轴承受到振动、冲击等外在影响,其运行状态随着时间推移逐渐发生退化。为切实保障轨道交通安全运行,有必要为轨道交通轴承运用安全提供准确高效的轴承状态评估与预警机制。本章主要概述轨道交通轴承寿命预测的意义与内容、轴承寿命预测方法及其发展,以及基于振动信号分析和基于数据驱动的两种轨道交通轴承寿命预测方法。

1.1　轨道交通轴承寿命预测意义与内容

1.1.1　轨道交通轴承寿命预测意义

　　随着国家城市化进程加快及人口流动量增加,轨道交通作为快速、便捷、准时的交通工具,为人们的出行提供了极大的便利,逐渐成为人们日常出行的首选,大大缓解了交通压力,同时减少了温室气体的排放,对于促进生态保护有着突出的贡献,此外,轨道交通对于优化城市空间结构,带动区域经济发展,也具有重要的促进作用。

　　在高速铁路发展方面:从1992年邓小平发表"南方谈话"开始,中国铁路政策进入加速改革的快车道;2004年,《中长期铁路网规划》的实施实现了我国铁路建设的快速发展;2016年,修编《中长期铁路网规划》,预计到2030年,基本实现内外互联互通、区际多路畅通等功能;2018年,中国国家铁路集团成立,完成了中国铁路市场化改革最重要的一步,更好地发挥了铁路对经济社会发展的保障作用。

在城市轨道交通发展方面：最近几年陆续出台的城市轨道交通建设文件，为更快更好地发展轨道交通指出了明确的方向。

2018年，《国务院办公厅关于进一步加强城市轨道交通规划建设管理的意见》发布，旨在加强城市轨道交通的规划建设管理，确保城市轨道交通的规范有序发展 。

2021年，中国城市轨道交通协会编制了《城市轨道交通发展战略与"十四五"发展思路》，旨在研究城市轨道交通的长期发展战略和短期发展思路。同年，国务院印发了《"十四五"现代综合交通运输体系发展规划》，并于2022年1月正式实施。这份规划强调了交通运输在国民经济中的重要性，并提出了加快建设交通强国的目标。

滚动轴承是一种重要的机械设备部件，广泛应用于工业生产和生活中，其稳定运行对于旋转机器的安全和可靠性至关重要。特别是在轨道交通车辆等高速、高负荷运输设备中，滚动轴承的失效会直接或间接造成巨大影响，包括但不限于影响设备运行、带来经济损失以及导致安全事故，甚至造成人员伤亡。因此，轴承寿命预测对于确保轴承的健康状态和提高设备运行的安全性、可靠性具有重要意义。

轨道交通滚动轴承寿命预测研究是轨道交通安全保障中的重点研究方向之一，是轨道交通轴承故障预测与健康管理的主要研究内容，可以切实保障轨道交通安全运行。为了给轨道交通轴承运用安全提供准确高效的轴承状态评估，当前国内外轨道交通领域与机械工程和人工智能等相关信息技术专家已经积极开展了轨道交通滚动轴承寿命预测的研究。而从目前的研究成果来看，不仅现有的方法和技术远不能满足轨道交通轴承寿命预测对准确性和高效性等的要求，还没有开发出相应的轴承寿命智能预测系统平台。开展轨道交通轴承寿命智能预测方法研究，其意义主要体现在以下几方面。

（1）提供轨道交通轴承寿命预测的理论基础与科学方法。

在广泛借鉴先前研究成果的基础上，采用大数据和深度学习等技术，系统研究轨道交通轴承的寿命，特别强调了基于数据驱动的寿命预测研究，为实现轨道交通轴承寿命预测提供了理论基础和科学方法。

（2）提高轨道交通的安全性能。

轨道交通轴承是车辆中的重要组成部分，对其进行寿命预测能够帮助交通运营方及时进行维护和更换，减少因轴承故障引起的事故风险，提高车辆的安全性能。

（3）降低维护成本，同时提高系统运行效率。

在轨道交通、航空、工业制造等领域，轴承是关键组件，其寿命预测能够确保设备的安全性和可靠性，提前识别和更换潜在故障的轴承可以减少事故与损失。通过准确的寿命预测，可以避免不必要的轴承维护和更换，从而降低成本。此外，预测还有助于计划维护活动，以最大限度地减少设备停机时间，还有助于设备操作和维护的优化，提高了设备的性能和效率，减少能源消耗。

（4）推动轨道交通技术创新。

轨道交通轴承寿命预测是一项复杂的技术，其研究涉及多个学科领域，包括机械、计算机、电子信号等，研究轨道交通轴承寿命预测方法能够推动轨道交通技术的创新和发展。

以上表明，进行轨道交通轴承寿命预测研究对于确保轨道交通系统的安全性具有至关重要的意义，同时也具有巨大的经济价值。然而，如何高效且精确地执行轨道交通轴承寿命预测，仍然是一个急需解决的重大科学技术挑战。

1.1.2　轨道交通轴承寿命预测内容

轨道交通轴承寿命预测包含数据采集、标注剩余使用寿命（RUL）、健康状态划分、寿命预测等 4 方面，其核心是健康状态划分。

1. 数据采集

通过传感器获取设备的实时振动、温度等运行数据，以监测轴承设备的健康状况。多数数据集具有可调节的负载，主要包括径向力和转速，可用于验证寿命预测方法的迁移性能。

2. 标注剩余使用寿命（RUL）

一般寿命预测任务需要自己标注 RUL，目前有三种常用的标注方法：第一种是分段线性函数 RUL 标注，该方法认为发动机轴承在初始时处于健康的工作状态，没有退化，运行一段时间后，剩余寿命低于阈值时才开始退化；第二种是寿命百分比 RUL 标注，该方法设定设备运行寿命百分比由 0 到 1，或者由 1 到 0；第三种是提取健康指标构造 RUL 标注，通过建立一组可以量化的性能指标来反映轴承的健康状态，该方法是目前的热门研究方向。

3. 健康状态划分

随着故障程度的发展，轴承的健康指标通常呈现出不同程度的退化趋势，因此在进行剩余寿命预测之前，可根据健康指标的变化趋势将轴承全寿命周期划分为不同的健康阶段。可以通过以下 3 个步骤对滚动轴承的健康状态进行划分,以用于寿命预测。

(1)轴承特征提取与选择。通过信号处理和特征提取方法,从轴承振动信号中提取出有效的特征参数。常用的特征包括时域特征、频域特征和时频域特征等。在所有提取到的特征中,筛选出对轴承状态判断最具有代表性和区分度的特征。

(2)轴承状态划分与识别。将所得到的特征参数作为输入,采用机器学习算法训练模型,将轴承的健康状态分为若干类别,并对未知数据进行判别。

(3)轴承定量化性能指标构建。根据轴承的健康状态,建立一组可量化的性能指标来评价轴承的健康状况。常用的指标包括能量熵、频带能量比等,这些指标可以反映轴承的健康状况,提供轴承寿命预测的基础。

综上所述,通过提取轴承信号中的特征参数,训练模型并建立定量化指标,就能对轴承进行健康状态划分,并基于此进行寿命预测。

4. 寿命预测

在模型训练完毕后可输出寿命预测结果以及该模型的评价指标得分,此外,在得到轴承寿命预测结果后,需要对结果进行进一步分析。首先,需要通过比较不同条件下的轴承寿命预测结果,找出影响寿命的主要因素。比如,比较不同转速、载荷、温度等条件下的预测寿命,可以分析出这些因素对轴承寿命的影响,从而为轴承的设计和使用提供依据。其次,可以对比实际使用中的寿命数据与预测结果,并进行误差分析。如果实际使用中的寿命数据与预测结果相差较大,可能需要重新评估预测模型或调整预测参数,以提高预测准确度。最后,可以通过轴承健康监测技术对轴承运行状态进行实时监测和预测,以及对轴承的维护和保养进行优化与改进。

1.2　轨道交通轴承寿命预测方法与发展概要

轨道交通轴承寿命预测利用轨道交通车辆行驶中所产生的数据,以及轴承失效的相关特征,来分析轴承的运行状态,并据此预测其未来的寿命。根据轮对承载力的实际负荷、行驶条件和失效情况等因素,对轨道交通轴承进行寿命预测分析,可以帮助制定有效的维护和保养策略,延长轴承使用寿命,提高轨道交通车辆的运行效率和安全性。轨道交通轴承寿命预测的研究成果在轨道交通领域具有广泛的应用价值。

1.2.1 轴承寿命预测方法

依据轨道交通轴承预测与健康管理(PHM)所采用的方式,轨道交通轴承寿命预测方法大致可以分为以下几类:经验公式法、振动分析法、模型预测法。

1. 经验公式法

经验公式法根据轴承的特性参数,通过经验公式计算轴承的寿命。其基本思想是通过实验和生产经验,总结出一些与轴承寿命相关的参数和关系式,根据公式计算得到轴承的寿命值。经验公式法的优点是简单易行,不需要过多的数据和先验知识,计算速度快,适用于快速预测轴承寿命。但缺点也很明显,因为该方法只考虑了少量的参数,而轴承失效可能与更多的参数有关,所以精度较低,不适用于对精确性要求较高的领域。常见的经验公式法有L10法和L50法。其中,L10法是指在轴承使用一定时间后,有10%的轴承会寿命失效,因此寿命可以通过相应负荷和转速下的寿命L10来进行估算。

需要注意的是,经验公式法的结果是根据历史数据和经验总结得出的,并没有考虑其他非线性因素的影响。因此,在实际应用中,经验公式法的结果往往需要进一步结合其他方法进行判断和优化。

2. 振动分析法

振动分析法是一种常见的基于振动信号的轴承寿命预测方法,其核心思想是通过对轴承振动信号的特征提取和分析,预测轴承的失效寿命。具体来说,该方法需要通过传感器实时监测轴承运行时的振动信号,并进行时域分析和频域分析等处理,以获得振动信号的特征参数。这些特征参数可以包括幅值、频率、相位等,通过对这些参数的分析和比较,可以有效地判断出轴承的运行状态和健康程度。同时,该方法还需要结合机器学习、深度学习等技术,对振动信号的特征进行建模和分析,以实现对轴承剩余寿命的预测。常见的机器学习模型包括神经网络、支持向量机等,而深度学习模型则包括卷积神经网络、循环神经网络等。

总的来说,轴承寿命预测振动分析法是一种基于非侵入式、实时监测的方法,具有操作简便、可重复性好、预测准确度高等优点,已经得到广泛的应用和研究。

3. 模型预测法

模型预测法基于物理模型和统计模型,通过建立数学模型,利用轴承运行数据进行寿命预测。其主要流程为获取数据、特征提取、建立预测模型、模型学习和预测寿命。其中,建立预测模型是轴承寿命预测的核心。模型预测法中常用的模型有神经网络、支持向量机(SVM)和决策树等。神经网络模型具有自适应、非线性和并行计算等特点,适合处理多变量间的复杂关系,因此被广泛应用于轴承寿命预测。支持向量机模型则可在高维空间中构造最优分类超平面,准确度较高,但要求数据集完整且样本数相对较少。决策树模型则结构简单,易解析,但准确率相对较低。

因此在实际应用中,需要根据不同的数据特点选择合适的模型,并通过特征提取和模型训练提高预测准确度,以达到有效预测轴承寿命的目的。

随着信号处理技术以及人工智能的发展,振动分析法已经成为轨道交通滚动轴承寿命预测方法中最有效、最常用的方法。现如今,滚动轴承寿命预测研究重点也是以振动信号分析为核心,并结合信号处理、人工智能和大数据分析等相关方法和技术实现对滚动轴承的全寿命周期性能退化状态的划分。

1.2.2　轴承振动信号寿命预测技术的发展概要

轴承振动信号寿命预测开始于 20 世纪 70 年代至 80 年代初,随后机械故障预测领域开始出现滚动轴承寿命预测技术。该领域主要采用统计方法、数理模型等手段,通过对轴承失效原因和寿命规律的研究,建立起一系列的模型和理论。随着计算机技术、信号处理技术和人工智能技术的不断进步,各种基于信息技术的轴承寿命振动信号预测方法与技术不断产生、发展和完善。其发展历程主要经历了以下 4 个阶段。

第一阶段：经验判据法阶段。

在 20 世纪 70 年代至 80 年代,轴承寿命的预测主要依赖经验公式和统计学方法。具体来说,根据轴承的工作条件和负载状态,提出了一些简单的失效准则,如 L10、L50、L90 等,其中"L"表示生存率(生存概率),数字表示该生存率下轴承的使用寿命,称为基本寿命。这些经验公式和统计学方法的提出,为轴承寿命预测提供了基础。

第二阶段：物理模型法阶段。

在 80 年代末至 90 年代初,人们尝试建立了轴承损伤进展模型,并使用有限元法模拟了轴承损伤的演变过程,以正向预测轴承寿命。这种方法主要基于轴承损伤进展的物理过程,通过建立轴承的动态模型、反演轴承的损伤状态等方式来预测轴承寿命。与之前采用的经验公式和统计学方法不同,这种方法更加科学和准确,能够更好地预测轴承的寿命。

第三阶段:特征提取法阶段。

从90年代中期至今,轴承寿命预测逐渐转向基于非侵入式的振动信号分析。这种方法以振动信号分析为基础,使用频谱分析和小波分析等方法,从轴承运行状态中提取有用的特征参数,如能量、峭度、脉冲因子等,并利用机器学习算法、支持向量机等模型进行寿命预测。随着传感器、信号分析技术和深度学习算法的发展,这种方法的应用越来越广泛。特征提取和机器学习技术的引入,使得轴承寿命预测更加准确,非侵入式的振动信号分析也让寿命预测变得更加方便和实用。

第四阶段:智能学习法阶段。

随着科技的不断进步和人们对轴承可靠性的要求越来越高,轴承寿命预测发展逐渐由定性到定量、由经验到理论和模型,应用的范围和精度也有了明显的提升。随着人工智能的兴起,轴承寿命预测也开始采用面向数据驱动的人工智能方法,这种基于人工智能的寿命预测方法已经成为轨道交通轴承寿命预测方法中最有效、最常用的方法,该方法从轴承振动信号中提取故障特征量,并输入人工智能算法中,通过训练得到预测模型,用于剩余寿命预测,其相关研究如下。

欧白羽等使用MI-PCA和SVR方法对滚动轴承的运行状态特征进行分析和预处理,实现了对滚动轴承剩余寿命的预测,实验结果表明该方法具有较高的预测精度和鲁棒性,可支持轴承设备维护工作的智能化开展。蒋全胜等提出一种基于动态加权卷积长短时记忆网络的滚动轴承剩余寿命预测方法,将振动信号进行小波包分解后通过动态加权层进行加权,有效筛选出退化表征信息,然后将其输入DWCLSTM模型中进行预测。隋文涛等提出了一种基于支持向量回归和差分进化算法混合的滚动轴承剩余寿命预测模型,该模型采用差分进化算法获得支持向量回归(SVR)模型的最优参数,结合试验平台采集的加速寿命试验数据,结果表明:模糊综合评判方法可以较好地划分轴承退化状态,有利于预测不同退化状态下的剩余寿命。胡启国等提出了一种基于EEMD-KPCA和IHHO-LSSVM的滚动轴承剩余寿命预测模型,并使用集合经验模态分解方法处理源信号,重构得到合适的本征模态函数,选取累计贡献率大于85%的主成分作为轴承退化性能指标。实验结果表明,改进的哈里斯鹰优化算法和新的调控机制确保了良好的预测效果。徐洲常等利用主成分分析(PCA)、DEGWO算法和支持向量回归构建了轴承状态预测模型。该模型将时域和时频域特征融合成一个归一化指标,通过 DEGWO 算法优化 SVR 模型参数来预测轴承剩余寿命,与其他优化方法和 LSTM 模型相比,该方法表现出更好的预测效果。B. Christoph 等针对机器学习中特征选择和预处理等问题提出了不同的特征工程方法,并基于滚动轴承耐久测试和结构噪声信号记录进行实验验证,同时在回归型 RUL 模型中添加时间特征进一步增强了预测精度,实验结果表明该方法可以获得更好的 RUL 预测质量。C. Cheng 等通过 Hilbert-Huang 变换(HHT)处理训练轴承的原始振动数据,构建了一种新的非线性退化指标作为学习的标签,然后利用 CNN 识别提取的退化指标与训练轴承振动之间的隐藏模式,从而自动估计测试轴承的退化情况。M. Elforjani 等采用支持向量机回归、多层人工神经网络模型和高斯过程回归来将声发射(Acoustic Emission,AE)特征与缓慢转速轴承的自然磨损相关联,通过分析信号参数以区分早期损伤的不同类型,能够有效地估计缓慢转速轴承的剩余寿命。X. Li 等提出了一种将回归模型和多层人工神经网络结合起来的监督机器学习技术,用于预测滚动轴承的剩余寿命,通过分析均方根和峰度等指标,定义了轴承的故障阶段,实验结果表明该方法可以有效地进行寿命预测。张成龙等提出了轴承水平方向和垂直方向振动信号的退化特征,进而利用梯度提升决策树方法,基于不同退化特征进行轴承剩余使用寿命的预测,最后实验验证了梯度提升决策树方法对不同退化特征均具有较优的预测效果。齐申武采用变分模态分解方法自适应地提取故障信息,通过谱峭度图来确定模态分量个数,使用经验指数衰减模型和粒子滤波算法来估计轴承状态,预测其剩余寿命,实验结果表明该方法具有较高的诊断准确性和预测精度。杜坤采用离散傅里叶变换提取轴承振动信号特征,并通过降维和决策树算法找到最佳特征数量,使用基于改进贝叶斯推理算法对获得的振动信号进行剩余寿命预测。马晨雨提出了基于 Wiener 过程的单变点剩余寿命预测方法,根据失效时间得到剩余寿命的参数分布,并提出了基于 EM(Expectation Maximum)算法的模型参数估计方法,利用贝叶斯公式得到更新后的剩余寿命。李军星等提出了一种基于广义 Wiener 过程的滚动轴承剩余寿命预测方法,通过 3σ 准则进行变点识别确定轴承初始退化点,建立基于广义 Wiener 过程的退化模型,并融合同类型轴承历史性能退化数据提出未知参数极大似然估计方法和基于贝叶斯理论的退化模型随机参数在线更新方法,实现滚动轴承剩余寿命在线预测。A. Tayade 等采用统计特征提取分析和回归模型,并使用主成分分析技术对特征进行选择,生成训练和测试集作为支持向量回归和随机森林(RF)等回归模型的输入参数,并采用 Weibull

危险率函数来计算轴承的剩余寿命,实验结果表明,回归模型在预测轴承性能退化方面具有潜在的应用价值。G. Sternharz 等提出了一种通过量化轴承健康状况与故障状态的偏差,计算出轴承的健康指数,然后预测剩余寿命的方法,此外该方法还确定了初始退化点的存在位置。A. Soualhi 提出了一种将 HHT、SVM 和 SVR 相结合的方法,首先使用 HHT 从振动信号中提取新的健康指标,用来跟踪轴承的关键组件退化情况,然后使用 SVR 对退化状态进行检测,最后通过基于 SVR 的一步时间序列预测轴承的剩余使用寿命。F. X. Han 等通过自适应阈值函数对原始电流信号去噪,利用小波包熵的振幅确定了退化程度,提出一种混合预测方案,结合相关向量机(RVM)的人工智能模型和幂回归即统计模型来预测剩余使用寿命。

基于传统机器学习的方法在理论和实际应用中都取得了一定的成果,但在做轴承的寿命预测时仍然存在一些缺点,包括特征提取困难、模型泛化能力差、需要大量标注数据、表达能力弱和可解释性差等。在应对某些复杂任务时面临着一些挑战,同时需要人为地指定特征提取方式和选择合适的模型,这个过程依赖于特定的领域知识和经验。因此,当数据量较大,特征较多或复杂时,传统机器学习方法可能会失效或性能下降,需要结合深度学习和其他新技术来进一步提升预测准确性和智能化水平。

进入 21 世纪,深度学习方法被提出,如卷积神经网络(CNN)、循环神经网络(RNN)等,这些深度学习方法可以直接对原始数据进行处理,捕捉数据中的非线性关系,通过学习大量数据来获取特征,实现更加准确的寿命预测。相比于传统机器学习方法,深度学习的优势在于可以自动地学习特征并构建端到端的模型,从而避免了烦琐的特征工程和过程中可能引入的噪声。具体来说,深度学习模型可以自动从原始数据中学习特征,避免了特征提取的麻烦,提高了预测精度,而且在数据丢失、存在噪声、标签错误等情况下仍然能够保持较好的预测能力,可以帮助解决轴承寿命预测中常见的数据问题。因此基于上述特点,其具有无须领域专家介入,只需要一定的数据和计算资源即可使用的便捷性,降低了人工学习成本。此外,深度学习模型可以通过可视化的方法对预测结果进行解读,这有助于用户更加深入地理解数据背后的关系,从而使得预测结果更具可信度。总之,深度学习可以在轴承寿命预测方面发挥出自动化特征学习、具有鲁棒性、不需要领域专家的知识和可解释性等优势。这些优势使得深度学习方法能够更加准确地预测轴承的寿命,有望为轴承寿命预测提供更好的解决方案。

姜广军等提出了一种结合卷积神经网络和长短期记忆网络的模型

(CNNLSTM),可以自动学习特征,避免了人工干预的影响。与传统网络模型对比的结果表明,CNNLSTM 具有更高的预测准确度。马占伟等采用多尺度卷积神经网络模型,从不同尺度提取轴承振动数据的特征,为了降低输出波动,还采用了移动平均法进行平滑处理,该方法在加速轴承寿命实验数据中表现出有效性和可靠性。步伟顺等提出了一种名为 DSCNN 的深度可分离卷积神经网络,通过将多种传感器采集的监测数据作为输入,利用可分离卷积和残差连接构造块自动学习高维特征表示,并通过完全连接输出层来预测剩余使用寿命。惠憬明等提出了一种使用自注意力 CNN 和 BiLSTM 的预测方法,该方法通过自注意力 CNN 模块提取不同时域指标的空间特征信息,并进行自注意力加权以增强特征提取效果,然后利用 BiLSTM 层提取时序数据中的退化特征信息,最终通过全连接层输出轴承的寿命预测值。C. C. Huang 等提出了一种基于深度卷积神经网络和多层感知器双网络的方法,用于同时提取基于时间序列和基于图像的特征信息,并对剩余寿命进行预测。同时,将此双重网络嵌入基于引导的实现框架中,以量化 RUL 预测区间。W. Y. Xu 等提出了一种卷积自动编码器和状态退化模型相结合的方法,通过 CAE 从轴承数据中提取特征,并使用多维健康状态映射函数对降维处理后的数据进行欧氏距离融合,建立健康状态指数来表征轴承的退化程度。X. F. Liu 等提出了 C-VFN 模型,通过 V-DWF 算法动态地评估每个特征在退化过程中的敏感性,并通过权重映射可视化特征敏感性的时间波动情况,然后根据评估的灵敏度重要性赋予对应特征相应的权重来估计 RUL,采用基于 RUL 结果的反馈机制迭代地削减无关紧要的特征,从而提高预测准确性。X. W. Xu 等使用并行的一维 CNN 和池化层从多个信号中提取和融合特征,然后使用带有残差连接和注意机制的扩张卷积处理来自池化层的特征,最后设计回归层生成剩余使用寿命。唐贵基等提出了一种融合变维门控循环单元(GRU)和 BiLSTM 的神经网络模型,将轴承振动信号输入变维 GRU 层中,捕获原信号的特征并建立特征间的关联性,接着将预处理后的数据输入 BiLSTM 层中,由 BiLSTM 对轴承寿命进行预测。周建清等提出了一种基于 DTW 和 BiLSTM 的滚动轴承剩余寿命预测算法,利用信息熵提取滚动轴承的退化特征并构造连续的时间序列,采用 DTW 算法计算模板间的相似度,将其作为健康指标表征轴承的退化程度;用健康指标训练 BiLSTM 网络并预测轴承的寿命。吴芮等提出了一种引入注意力机制的深度置信网络(DBN)和 GRU 组合方法,改进后的 DBN 网络采用 Nadam 优化器,能够从原始数据中挖掘出深度特征,然后将注意力机制引入改进 DBN 中对深度特征进行权重分配形成全局特征，最后通过 GRU 网络进行寿命预测试验。臧传涛等提出了一种基于 SMA 和 LSTM 神经网络相结合的轴承寿命预测方法，该方法通过降噪处理和特征提取构建退化系数，然后利用 SMA-LSTM 预测模型对 RUL 进行预测，由于 SMA 具备动态搜索能力，能够自动寻优 LSTM 的超参数，以避免局部最优解。Y. Lei 等开发了连续梯度识别算法来识别退化的初始时间，并提出了双向递归门控双注意单元来预测加速退化阶段的剩余使用寿命，通过对两个实际轴承数据集的分析，证明了其有效性和性能。L. X. Cao 等提出一种并行 GRU 和双阶段注意机制（PDAGRU）预测模型，引入双阶段注意机制来提高退化信息提取能力，同时采用并行结构提高预测精度并量化模型的不确定性，此外，还开发了基于等渗回归的首次预测时间（FPT）确定方法，以反映轴承 RUL 的退化轨迹。Y. J. Shang 等利用 CNN 从轴承状态监测数据中学习空间特征，然后使用双向门递归单元（BGRU）堆栈从数据中提取时间退化趋势，以进行更准确的 RUL 预测，并采用加权平均方法来平滑 RUL 预测的趋势。S. K. Wan 提出了名为 CLSTMF 的多分支网络深度学习框架，通过 CNN 的卷积层提取单个传感器数据的浅层特征，使用 CLSTM 网络从这些浅层特征中捕获深层时间特征，并开发了一种新的信息传输层（ITL）用于融合 CLSTM 在不同分支网络中捕获的多传感器数据的特征。慎明俊等提出了一种基于 DBN 和 LSTM 相结合的剩余寿命预测模型，使用带通滤波降噪对振动数据进行去噪，然后通过均方根特征和峭度特征确定预测起始点，接着采用优化后的 4 层 DBN 网络完成深度特征提取，用于 LSTM 的训练和测试。安冬等提出了一种基于构建退化特征和 PSO-PF 算法的寿命预测方法，采用 CEEMDAN-小波包联合去噪后提取多种时域、频域特征，并综合指标评价和弗雷歇距离分析得到优秀退化特征集，通过加权拟合的方法构建新的退化特征，利用梯度变化自适应检测轴承退化起始时间。吕明珠提出了一种基于深度迁移学习的两阶段剩余寿命预测方法。在健康状态识别阶段，她们采用卷积自编码器和皮尔逊相关系数结合的方法构建了轴承健康指标，并通过快速搜索和发现密度峰聚类方法来确定轴承退化过程的起始时间和失效行为。在剩余寿命预测阶段，她们提出了一种多通道的双向长短时记忆网络来提取轴承退化的多尺度特征，并通过领域适配结构使模型能够学习域不变特征以减小训练数据和测试数据之间的特征分布差异。Y. B. Pan 等提出了一种新的性能退化评估方法，主要是基于深度置信网络（DBN）和自组织映射（SOM）的，在构建健康指标后，采用果蝇优化算法（FOA）优化的改进粒子滤波(PF)来实现剩余使用寿命的预测。H. Pei 等提出了一种基于深度置信网络(CDBN)和自组织映射(SOM)的健康指数提取方法,以及通过贝叶斯方法和期望最大化(EM)算法相结合实现剩余寿命概率密度函数自适应更新的扩散过程演化模型。

　　深度学习在寿命预测领域取得了显著的进展,但也存在局限。首先,深度学习模型需要大量的数据进行训练,并且对数据质量和数量要求较高,在实际应用中可能会受到数据稀缺和标签错误的问题。其次,其通常需要复杂的计算过程和大量的参数调整,训练过程耗时较长,因此对于实时预测等场景可能不太适合。

　　研究者们正在努力开发新的方法和技术,以克服深度学习模型的局限性。此外,随着工业互联网和物联网的发展,数据采集和处理技术将会进一步提高,为深度学习模型的应用提供更多的支持。而大数据时代的到来,将实现海量数据与深度学习的结合,为滚动轴承寿命预测的研究与应用提供更大的发展空间。因此,未来深度学习在寿命预测领域的发展前景广阔,将会有越来越多的研究者加入这个领域,并且会推动更多新技术和方法的出现,将轴承寿命预测的应用变得更加成熟和普及,为工业生产提供更加可靠和高效的保障。总之,随着技术和应用的不断进步,深度学习在轴承寿命预测方面的优势和潜力将会不断得到挖掘与应用。

1.3　常见的轴承振动信号寿命预测方法

　　滚动轴承寿命预测方法通常可以分为两大类:一是基于振动信号分析的方法;二是基于数据驱动的方法。前者主要关注信号处理和特征提取,而后者则以历史数据和人工智能机器学习技术为基础,近年来逐渐向深度学习自主特征提取的深度学习方向发展。

1.3.1　振动信号寿命分析

　　基于振动信号分析的方法包括采集振动信号、提取故障特征和识别运行状态三部分。振动信号采集首先需要在轴承运行期间,通过传感器等设备采集轴承振动信号;然后使用频域、时域或者时频域分析等方法,对振动信号进行特征提取;最后使用机器学习方法,如神经网络、支持向量机等,将特征与轴承寿命建立关联模型,从而实现轴承寿命预测。

1．时域特征分析

时域分析是一种常用的轴承寿命预测方法，可以通过监测轴承振动信号，进行时域波形分析、自相关函数分析、统计值分析等，将这些时域特征值与正常工作轴承的响应值进行对比分析，来判断轴承的工作状态和健康程度。以下是常用的几种时域分析方法。

（1）时域波形分析。

时域波形分析是一种直接观察轴承振动信号波形特征的方法。通过分析波形的振幅、周期、幅度等指标，来判断轴承是否存在异常情况。例如，当出现一些不规则的振荡时，说明可能存在损伤或磨损。

（2）自相关函数分析。

使用自相关函数计算信号与其滞后版本之间的相关性，来评估信号的重复性和周期性。通过分析自相关函数的形态、峰值等指标，可以得到一些有关轴承状态的信息。例如，当自相关函数的峰值逐渐下降时，说明轴承可能存在损伤。

（3）统计值分析。

统计值分析方法用于分析和了解信号的特征与属性，它主要采用计算信号的统计量，例如均值、方差、最值等，以便对信号的时域特性进行描述和分析。通过对信号在时域内的统计值进行计算、比较和评估，可以用来识别信号的变化趋势、周期性、幅度变化、偏差等，有助于判断信号是否存在异常或故障等问题。

2．频域特征分析

频域分析方法是一种用于轴承材料或结构在反复应力下的寿命预测方法，它利用频域下的信号特征来预测剩余使用寿命，其基本思路是通过对信号进行傅里叶变换，将压缩数据转换到频域空间内进行处理，从而得到对应的频谱信息，再运用统计学或神经网络等方法进行训练和预测。常用的频域特征提取方法有包络谱分析、功率谱分析、倒谱分析等。

（1）包络谱分析。

其基本思路是首先求取信号的包络线，然后在包络线上进行频域分析和特征提取，例如获取信号的主频成分、阶次成分、振幅谱、相位谱等，用于判断信号的异常特征和故障情况。通常情况下，包络线可以通过低通滤波器、平滑算法等技术来实现。

（2）功率谱分析。

功率谱分析可以用来研究信号在不同频率范围内的能量分布情况,进而提取信号在特定频段内的特征,其本质是通过一定方法求解信号的功率随着频率变化的曲线。功率谱分析方法可以大致分为直接法、间接法和改进的直接法等几种,其中直接法是最基础、最简单的一种方法,直接依赖信号傅里叶变换系数的幅度平方来计算信号的功率谱。

（3）倒谱分析。

倒谱分析的基本思路是将信号的对数谱线性滤波,得到倒谱系数,通过这些系数可以获取信号的周期特征和周期间隔,从而实现信号的特征提取和分类,对于同一信号的不同变形具有较高的识别能力。

频域分析可以提供信号在不同频率下的特征信息,在某些情况下,由于原始信号没有时域信息或者时域信息被严重损坏,不能通过常规的时域分析方法处理时,可以采用基于纯频域分析的方法。需要注意的是,由于没有时域信息的支持,基于纯频域分析的方法可能会产生一些额外的误差和损失。

3. 时频域分析寿命预测

轴承的时频域分析方法,通过对振动信号的时域和频域特性进行联合分析,获取当前的故障状态和损伤程度,因此可以用于轴承寿命预测。其基本思路是将振动信号进行时频分解,得到在不同时间段和频率范围内的振动特征,然后对这些特征进行统计分析和模式识别,进一步推断系统中的异常振动和故障。其中,寿命预测方法主要通过分析轴承的振动特征和历史工作情况,使用统计学方法或机器学习算法,建立轴承寿命模型,进行寿命预测和评估。

时频域寿命预测方法可以结合多种方法和技术,如小波神经网络、模糊逻辑推理等,以提高精度和准确度。这些方法都需要利用轴承的振动信号数据进行模型训练和测试,因此数据质量和特征提取的准确性对预测结果十分重要。

1.3.2　数据驱动的人工智能预测

基于数据驱动的寿命预测方法是一种利用大量历史数据构建预测模型,实现对轴承寿命进行预测的方法。这种方法不依赖于理论模型,而是使用机器学习算法、回归分析、统计学方法等技术,通过学习和分析历史数据,提取有意义的特征,建立预测模型,并基于模型对未知样本进行预测。

1. 基于机器学习的寿命预测

基于机器学习的寿命预测方法是一种利用机器学习技术来预测轴承剩余寿命的方法。这种方法通常基于大量的历史数据,使用监督学习、无监督学习和半监督学习等机器学习算法,通过构建模型来预测轴承的寿命。与传统的寿命预测方法不同,基于机器学习的方法并不需要对轴承的内部结构和运行机理有深入理解,而是对历史数据进行学习和分析,从中提取寿命特征,并根据这些特征建立预测模型。常用的监督学习方法有神经网络、回归分析等,无监督学习方法有主成分分析等,半监督学习方法有限制玻尔兹曼机等。

基于机器学习的轴承寿命预测的核心是寿命预测模型的构建,主要包括以下步骤,如图 1.1 所示。

(1) 数据收集和预处理:从实际运行环境中收集大量的轴承运行数据,并对数据进行清洗、去噪、归一化等预处理操作,以保证数据的质量和可用性。

(2) 特征提取:对预处理后的数据进行特征提取,以便将数据转换为具有明确含义的数值型特征向量。提取的特征包括时域特征、频域特征、时频域特征等。

(3) 模型选择和训练:选择合适的机器学习算法和模型架构,并利用训练数据对模型进行训练,从而得到一个可以预测轴承寿命的预测模型。在训练过程中,需要进行交叉验证、调参等操作,以提高模型的准确性和泛化能力。

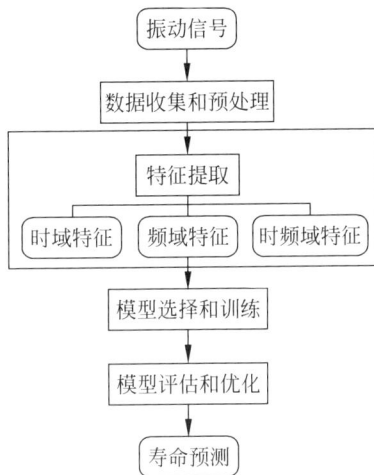

图 1.1　基于机器学习的寿命预测

(4) 模型评估和优化:利用独立的测试数据对模型进行评估,分析模型的预测准确率、误差分布等指标,并进行模型优化,以提高模型的预测精度和实用性。

(5) 寿命预测:使用训练好的模型对新样本进行寿命预测,并根据模型预测结果来制订相应的维护计划和措施。

通过以上步骤,基于机器学习的寿命预测方法可以有效地预测轴承的剩余使用寿命,提高设备的可靠性和安全性,降低维护成本和损失。

常用的基于机器学习的预测方法有基于回归分析的寿命预测和基于神经网络的寿命预测等。

（1）基于回归分析的寿命预测。

回归分析是一种基于统计学方法的寿命预测方法，它通过建立轴承振动信号特征与寿命之间的关系模型，实现对轴承寿命的预测。通常，需要收集轴承振动信号数据，并提取相应的特征参数，如峭度、偏度、能量等。然后，使用回归分析建立特征参数和寿命之间的线性或非线性关系模型，并进行模型预测和评估。

（2）基于神经网络的寿命预测。

神经网络是一种基于人工智能的机器学习算法，可以自适应地学习和识别轴承振动信号特征与寿命之间的非线性关系。通常，需要通过前馈神经网络或循环神经网络等结构设计合适的神经网络模型，并利用已有的振动信号数据进行训练。训练好的神经网络模型可以用于实时或离线的寿命预测和评估。

2. 基于深度学习的寿命预测

基于深度学习的寿命预测方法是一种使用深度神经网络进行轴承寿命预测的技术。相比于传统的机器学习方法，基于深度学习的寿命预测方法具有以下特点：

（1）自动特征学习：深度学习模型可以自动从原始数据中提取特征，不需要手动进行特征工程。这极大地减轻了人工干预的工作量和误差。

（2）高灵活性：深度学习模型足够灵活，可以适应不同的数据类型和预测任务。此外，深度学习模型还可以不断优化和迭代，提高预测结果的准确性和鲁棒性。

（3）大规模数据处理：深度学习模型通常需要大量的训练数据来获得良好的预测效果。随着数据量的增大，深度学习模型的表现将会更加出色。

（4）能够处理多维数据：深度学习模型能够处理包括图像、文本、语音等多维数据类型。对于基于传感器采集的多种信号的轴承寿命预测任务而言，利用深度学习模型处理多个传感器的信号进行寿命预测，可以获取更加全面的信息。

常用的基于深度学习的寿命预测方法有循环神经网络（RNN）、深度信念网络（DBN）和卷积神经网络（CNN）等方法。具体使用时可以将历史传感器数据输入 RNN、DBN 或 CNN 中提取特征并进行寿命预测。通常基于深度学习的寿命预测方法包括以下几个步骤,如图 1.2 所示。

（1）数据收集和预处理：收集大量传感器数据并进行处理,例如去噪、归一化等操作,以提高数据质量和可用性。此外,如果需要使用多个传感器信号进行预测,则需要对多个传感器数据进行同步和对齐处理。

（2）特征提取和转换：将处理后的数据输入深度学习模型之前,需要将其转化为适合深度学习模型的特征向量。这个步骤通常包括特征提取和特征转换两个过程。特征提取的目的是从原始数据中提取有用的信息,例如频谱分析、时域分析、小波变换等。而特征转换的

```
振动信号
  ↓
数据收集和预处理
  ↓
特征提取和转换
  ↓
模型选择与训练
  ↓
模型评估和测试
  ↓
寿命预测和维护计划制订
```

图 1.2　基于深度学习
的寿命预测

目的是将提取的特征转换为能够被深度学习模型所理解的向量形式,例如将多个传感器信号连接起来形成一个张量。

（3）模型选择和训练：选择适合轴承寿命预测的深度学习模型,并使用训练数据对模型进行训练。这个步骤通常包括模型构建、损失函数设计、梯度优化算法选择等。模型的训练可以采用端到端的方式,即直接从原始数据中学习特征和预测模型。在此基础上,可以使用标准的训练技巧（如批量梯度下降、交替最小二乘法、随机梯度下降等）来优化深度学习模型参数,以提高其预测性能。

（4）模型评估和测试：使用测试数据集对训练好的深度学习模型进行评估,比较预测结果和实际结果的相似度,并分析预测误差的来源等。模型评估可以采用多种指标,例如均方根误差、平均绝对误差等。如果评估结果不理想,可以针对模型架构、超参数、训练策略等方面进行调整和优化。

（5）寿命预测和维护计划制订：利用训练好的深度学习模型对新样本进行寿命预测,并根据预测结果制订相应的维护计划和措施。如果预测值接近设备故障阈值,则需要及时进行检修和更换。

尽管深度学习方法在寿命预测方面具有特征提取简单、诊断准确率更高的优势,但其在轴承寿命预测领域的研究和应用目前还处于起步阶段,由于寿命预测方法通常是在某个故障阶段下进行的,缺少基于全寿命周期的轴承寿命预测方法研究,所以基于深度学习的轴承寿命预测的研究与应用有较大的发展与深入空间。

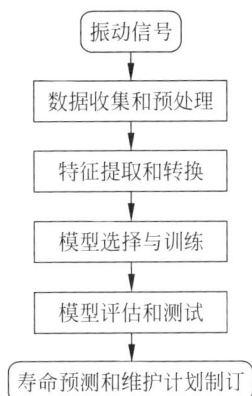

轨道交通轴承结构及振动退化

轨道交通轴承基本上采用的都是滚动轴承。本章主要介绍轨道交通滚动轴承，包括轨道交通轴承分类、轴承结构分析、轴承性能退化表现与性能退化原因，以及轨道交通轴承振动机理，包括滚动轴承的固有振动、强迫振动、冲击振动三种类型。

2.1 轨道交通轴承结构

2.1.1 轨道交通轴承的基本结构

滚动轴承是一种广泛应用于机械设备中的轴承类型，其结构通常由内圈、外圈、滚动体（或滚珠）和保持架四部分组成。下面将分别介绍每部分的结构和作用。滚动轴承部件结构图如图 2.1 所示。

滚动体 保持架 内圈 外圈

图 2.1 滚动轴承部件结构图

1. 内圈

内圈（又称内套或内环）是轴承最内部的部件，通常固定在轴颈上，内圈与轴一起旋转。内圈外表面有供钢球或滚子滚动的沟槽，称为内沟或内滚道。

2. 外圈

外圈（又称外套或外环）作为轴承的最外

层,其主要起到支撑和保护作用,通常装配在轴承座和机壳上。

内外圈是滚动轴承的主要支持结构,它们是圆柱形或球形的金属零件,通常由钢或铬钼合金钢等高强度材料制成。在外圈和内圈之间,有一个狭窄的接触区域,通过这个区域,轴承可以支撑、导向或者限制旋转或振动运动。

3. 滚动体

滚动体(又称钢球或滚子)是滚动轴承的核心部分,通常是球形或圆柱形的精密金属零件。它们在轴承中起到支撑载荷和实现滚动摩擦的作用。当轴承受到负载时,滚珠会沿着内外圈的沟槽滚动,减少了接触面积,从而降低了摩擦和磨损。

4. 保持架

保持架(又称保持器或隔离器)是一种用于固定滚珠(或滚子)的金属部件,通常由钢或铝合金等材料制成。它们在轴承中主要用于防止滚珠相互碰撞和脱落,同时保持均匀分布,从而保证了轴承的稳定性和运行效率。

滚动轴承结构示意图如图 2.2 所示。

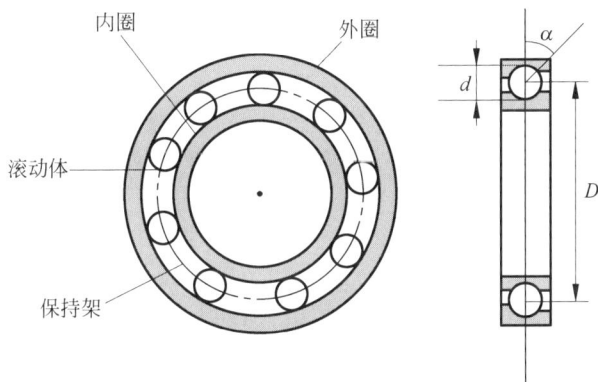

图 2.2　滚动轴承结构示意图

2.1.2　轨道交通中的典型轴承

轨道交通轴承是指用于机车和车辆之中的轴承,是轨道交通车辆运营安全的关键零部件。轨道交通运用的轴承一般都是滚动轴承,主要包括轴箱轴承、牵引电动机电枢轴承等。

1. 轴箱轴承

机车车轮通过轴箱、弹簧与转向架构架与机车车体相连，轴箱轴承直接承受机车承压弹簧上的重力和钢轨对车轮的径向、轴向冲击，此外，还要传递牵引力以及因之而产生的某些附加载荷，因此轴箱轴承要有较大的承载能力，能够耐冲击振动，而且有较长的寿命，较高的安全性和可靠性，较小的尺寸和质量，以及便于检查和维护等特点。因此，轴箱轴承往往采用非标准系列的轴承和专用轴承技术条件，常用于机车的轴箱轴承有以下三类。

（1）圆柱滚子轴承。

圆柱滚子轴承是一种圆柱滚子与滚道为线接触的轴承，承载能力大，主要承受径向负荷。滚动体与套圈挡边摩擦小，适于高速旋转。该轴承是内圈、外圈可分离的结构。双列圆柱滚子轴承的径向载荷刚度高，主要用于机床主轴。圆柱滚子轴承如图 2.3 所示。

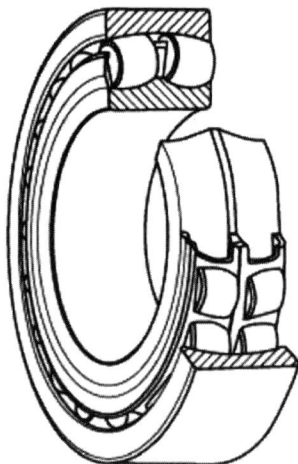

（2）调心滚子轴承。

调心滚子轴承能够承受很大的径向和轴向负荷，并且具有与其他轴承相比更高的自适应能力。其设计中有两组滚子，以实现调整偏差和角度，从而使轴承在工作时可以自由对齐，适合于需要快速转向或摆动的设备。调心滚子轴承如图 2.4 所示。

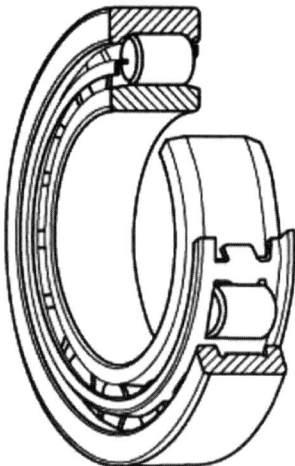

图 2.3　圆柱滚子轴承　　　　　　　图 2.4　调心滚子轴承

（3）圆锥滚子轴承。

圆锥滚子轴承是一种适用于承载大型径向和轴向负荷的轴承。它的滚子是圆锥形的,在内外圈之间会安装多个滚子以实现支撑和传递载荷。圆锥滚子轴承如图2.5所示。

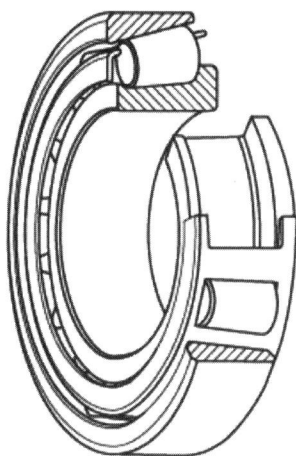

2. 牵引电动机电枢轴承

牵引电动机是电力机车和电传动内燃机车传动系统中的主要设备,其电枢轴承是它的主要部件之一。电枢轴承载荷较大,而且牵引电动机的尺寸又受车轮直径、两车轮内侧距离和机车下部限界的限制,因此,这类轴承必须

图2.5 圆锥滚子轴承

尽可能满足小尺寸和较高极限转速的要求。常用于机车的牵引电动机电枢轴承有以下四类。

（1）单侧转动轴承。

电枢通常采用双支点支承,安装齿轮的输出端为游动支承,整流子端为定位支承。输出端轴承的位置靠近齿轮,受力最大,是电枢两轴承中的关键轴承。为了减轻其负载,一般采用内圈无挡边的 NU 型圆柱滚子轴承。整流子端一般采用内圈有单挡边并带平挡圈的 NUP 型圆柱滚子轴承,国外也有采用内圈有单挡边,并带斜挡圈的圆柱滚子轴承。NU 2344 圆柱滚子轴承如图2.6所示。

图2.6 NU 2344 圆柱滚子轴承

（2）双侧转动轴承。

当电动机功率较大时,如仍采用单侧传动,则齿轮端的轴承负载过大,很难选择额定动载荷和极限转速都能满足要求的轴承,故在电动机设计允

许的条件下改用双侧传动方式。双侧传动的优点是可以采用斜齿圆柱齿轮,使两齿轮的螺旋角相等,旋转方向相反,从而获得较平稳的传动质量,而不致产生轴向载荷。斜齿轮轴承如图 2.7 所示。

图 2.7　斜齿轮轴承

（3）牵引电动机抱轴轴承。

轴悬式牵引电动机通常是一侧通过调杆支承于转向架,另一侧通过抱轴轴承支承在车轴上。抱轴轴承采用滑动支承比较简便,但其润滑和检查都不太方便,故从 20 世纪 50 年代开始就改用滚动轴承。迄今仍采用的有圆柱滚子轴承、调心滚子轴承和圆锥滚子轴承。

（4）牵引发电机轴承。

现代电传动内燃机车牵引发电机的机体通常安装在柴油机输出端的机体端面上。无论是这种安装方式还是其他安装方式,电枢的输入端极少装用轴承,一般通过弹性联轴器将电枢支承在柴油机的曲轴或输出轴上,以便缩短发电机的纵向尺寸。电枢轴的外端一般用圆柱滚子轴承,有时为了安装时与柴油机对位方便,也采用调心滚子轴承。

2.1.3　轨道交通轴承性能退化工况分析

滚动轴承不仅是轨道交通车辆旋转机械件中的主要部件之一,同样也是旋转机械中最容易发生故障的部件之一。据统计,旋转机械约 30% 的运行问题是由轴承故障造成的。轴承自身的工作状态对车辆的安全运行影响极大。一旦滚动轴承发生故障,会导致其不正常振动,不仅损害自身元件,还会引起机器部件设备的损坏,严重时直接影响车辆的安全运行,导致重大安全事故发生。

滚动轴承全寿命周期的性能退化是通过设备零部件运行状态的变化表现出来的。目前工业领域普遍认为滚动轴承的退化历程可以分为四个阶段：正常状态、初始退化状态、深度退化状态、失效状态。性能退化曲线可以用关于时间 t 的函数表达，其状态量是从各个时间点监测信息中提取的特征值，如图 2.8 所示。

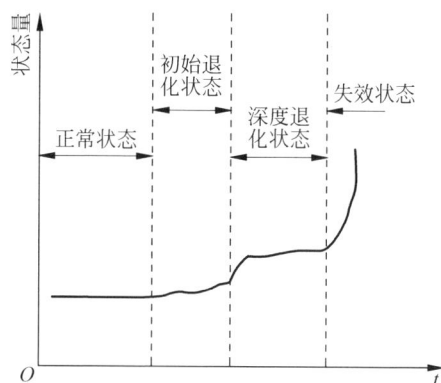

图 2.8　滚动轴承性能退化曲线

1. 正常状态

在正常工作条件下，其退化表现一般难以察觉。滚动轴承会承受一定程度的磨损和疲劳。在负荷和转速较小的情况下，滚动轴承常处于正常的状态。但是，即使在正常状态下，轴承也是需要保养的。它们经常需要进行维护和润滑，以保持正常运行。不良的润滑和维护可能导致轴承在正常状态下过早地退化。

一些常见的表现包括：

（1）轴承运转时产生轻微的噪声或振动；

（2）轴承的温度略有升高，但不会超过正常范围；

（3）磨损程度较轻微，不会对设备性能造成显著的负面影响。

2. 初始退化状态

滚动轴承进入初始退化状态后，其退化表现开始逐渐显现。常见的表现包括以下 3 点。

（1）磨损。

在滚动过程中，滚动体与内圈（或外圈）所受的负荷都不是恒定的，而是随着轴承的运转周而复始地变化着。这种周期性的负荷会导致滚动体和内外圈之间的接触点在不同位置产生切向和径向的相对滑动。这些滑动将导致磨损。滚动轴承表面磨损如图 2.9 所示。

图 2.9　滚动轴承表面磨损

（2）腐蚀。

腐蚀是滚动轴承常见的故障表现形式之一。

首先，当轴承暴露在室外环境中或者周围环境的湿度较大时，外界的水分会直接进入工作运转的轴承，从而引起轴承的锈蚀。

其次，轴承的电腐蚀主要来自杂散电流的腐蚀。杂散电流是一种通过土壤、水或其他介质流到指定区域之外的电流。这种电流通常存在于大地中，也可能会流经埋在地下的金属构筑物。

如果想要减少这种电腐蚀的影响，可以加强设备的绝缘措施，如对轨道和电缆等设备增加绝缘层，以减少杂散电流的产生和腐蚀作用。此外，也可以通过改变电流回流的方式或路径来减少杂散电流的影响，如在轨道或电缆中增加电阻或电容等装置来控制电流的流向和大小。

再次，轴承工作运转时，在滚动体和内外圈滚道互相接触的表面可能有较大电流通过，电流通过极薄的油膜产生电火花放电，使轴承表面形成凹凸不平的凹坑与凸起，从而引起轴承电腐蚀。

最后，若轴承工作在具有腐蚀性介质的环境中，由于轴承密封不严，还会引起化学腐蚀。滚动轴承表面腐蚀如图 2.10 所示。

（3）裂纹。

裂纹是指轴承表面的裂缝，早期的裂纹可能不会影响轴承的性能，但随着时间的推移，裂纹会继续扩展成断裂或缺口，最终导致轴承失效。滚动轴承表面裂纹如图 2.11 所示。

图 2.10　滚动轴承表面腐蚀

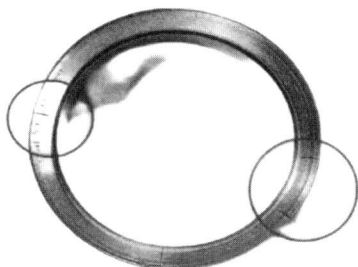

图 2.11　滚动轴承表面裂纹

3. 深度退化状态

当滚动轴承进入深度退化状态,其退化表现已经十分明显,会对设备产生严重的负面影响。在这个阶段,随着轴承损伤的加速发展,损伤点对轴承接触面的冲击越来越强烈。如果轴承在初始退化状态下未得到及时修复,则会继续退化。这个阶段可能会出现以下问题。

(1) 接触疲劳。

由于接触点处的高应力,轴承可能会出现接触疲劳现象。表面在接触压应力的长期不断反复作用下引起的一种表面疲劳破坏现象,表现为接触表面出现许多针状或痘状的凹坑,称为麻点,也叫点蚀或麻点磨损。滚动轴承接触疲劳如图 2.12 所示。

(2) 剥落。

剥落是指轴承表面材料的局部脱落。产生非自然剥落(疲劳剥落)的主要原因是轴承类型选择不当或安装不当。滚动轴承内圈疲劳剥落如图 2.13 所示。

图 2.12　滚动轴承接触疲劳

图 2.13　滚动轴承内圈疲劳剥落

（3）过度磨损。

过度磨损通常与润滑不当、环境不良或负荷过大等因素有关。这些因素可以导致摩擦增加，从而使轴承更容易磨损。

4. 失效状态

轴承最终会进入失效状态，它们不再工作并需要更换，在这个阶段，滚动轴承已经快达到寿命的终点，损伤点可以通过肉眼观察到，轴承运动的噪声变得特别大，温度急速升高。以下是一些可能的失效模式。

（1）轴承断裂。

轴承断裂是轴承最危险的一种故障表现形式，它通常是轴承退化的最终结果。在轴承工作运转状态下，当轴承承受的载荷远超过轴承滚道或滚动体的强度极限时或长期工作在疲劳状态下，则会引起轴承元件的断裂。不仅如此，在对轴承进行加工磨削、热处理以及进行轴承与轴的装配时产生的残余应力、工作运转时产生的过大热应力也很有可能造成轴承元件的突然断裂。滚动轴承断裂如图 2.14 所示。

图 2.14　滚动轴承断裂

（2）塑性变形。

滚动轴承的塑性变形是指轴承零件在外力（载荷）去除后，不能恢复的那部分变形。这种变形主要是由过大的载荷或冲击载荷引起的，可能导致滚动体与滚道接触处发生永久的塑性变形。这种变形会在轴承滚道上形成凹陷或凹槽，影响轴承的正常运转，并可能导致振动、噪声、磨损、温升等问题，甚至引发断齿等严重事故。因此，在使用滚动轴承时，需要注意控制载荷，避免过大的冲击，以保证轴承的正常使用和寿命。

总之,在滚动轴承的使用过程中,轴承出现故障退化是不可避免的,但及早发现并采取措施修复,可以最大限度地延长滚动轴承的寿命,确保设备的正常运行。

2.1.4　轨道交通轴承性能退化原因

导致滚动轴承进入故障初始期、故障发展期和快速发展期的原因非常多样,下面将分别从以下几方面进行描述。

1. 设计和制造问题

设计和制造问题是导致滚动轴承出现故障的主要原因之一。如果轴承在设计或制造过程中存在缺陷或不良品质控制,则可能会导致轴承组件的寿命较短或易损坏。

2. 润滑条件不足

润滑条件不足可能导致滚动轴承过早进入故障期。润滑不良会使轴承运转时产生摩擦,从而引起部件磨损并加剧轴承的热量,可能导致零件失效、接触疲劳和其他退化行为。

3. 过载和过热

滚动轴承常常在高负荷和高温环境下工作,容易导致它们进入故障期。另外,当从静止状态开始快速转动时,轴承所受的冲击负载也会影响其寿命。如果该负载过大,轴承便很容易降解并损坏。

4. 腐蚀和污染

在一些特殊环境中,如高湿度、酸性或碱性环境等,滚动轴承也会因腐蚀而加速退化。此外,轴承的运转也容易受到污染物影响,如灰尘、颗粒物、化学物质等,可能导致轴承故障,尤其是在密封不良的情况下。

5. 维修和保养不当

滚动轴承必须定期进行保养和维修,以确保其正常运行。如果处理不当会加速轴承进入快速退化期。例如,摆动润滑剂的脱落、不可靠维护工具的使用、过度的拆卸/重新安装、润滑油脂的错误选择等都可能导致轴承更快地退化。

总之,滚动轴承退化原因很多。为了延长轴承的寿命,必须对其进行适当的设计、制造、润滑、保养和维护。

2.2　轨道交通轴承振动

　　轨道交通车辆是一种高速运行的载体,在其运行过程中,轴承振动一直是一个研究的重点、难点。

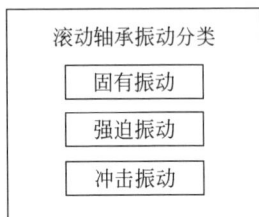

　　滚动轴承振动分类

| 固有振动 |
| 强迫振动 |
| 冲击振动 |

图 2.15　滚动轴承振动分类

2.2.1　滚动轴承振动分类

　　为了能够更好地预测轴承的寿命,需要对轴承振动机理进行分析。轴承的振动按照产生机理可分为三大类,如图 2.15 所示。第一类是滚动轴承的固有振动,第二类是滚动轴承的强迫振动,第三类是滚动轴承的冲击振动。

　　1. 固有振动

　　固有振动也称自由振动,是指在没有外来干扰的情况下,轨道交通轴承本身所具有的振动状态。轨道交通轴承内部存在着结构弹性变形及润滑油膜波动等因素,这些因素都会导致轴承发生自由振动。如果轴承自由振动频率与周围环境或其他系统同频,产生共振,就会导致振动能量不断积累,最终可能使轴承失效。

　　其主要分类如下:

　　(1) 将外圈看作钢体引起的固有振动。

　　(2) 将钢球看作钢体的固有振动。

　　(3) 将外圈看作弹性体引起的固有振动。

　　2. 强迫振动

　　强迫振动是指在外力作用下,轨道交通轴承产生的振动。强迫振动往往是由于车轮与轨道之间的不平衡和轮轴几何误差引起的。这些因素会使轮轴产生离心力、摆动力和径向力等,从而使轨道交通轴承发生强迫振动。当外力频率与轴承的固有频率相等时,将会出现共振现象,能量不断积累,导致轴承失效。

　　3. 冲击振动

　　冲击振动是指由车轮通过铁路接头、转辙器和道岔等区域时发生的瞬时冲击应力引起的振动。这些区域常常存在着几何形状非常复杂的凸起和凹陷部分,容易使车轮和轴承受到强烈的冲击应力。冲击振动的存在严重影响轴承性能和寿命,因为它会加速轴承的磨损和疲劳。

其主要分类如下:

(1)滚动体通过振动,轴承在运转时,滚动体周期通过载荷作用线而引起的振动。

(2)轴承的零件因生产时造成的误差而引起的振动。

2.2.2　滚动轴承故障振动频率

当机车轴承的某个元件(如内圈、外圈、滚动体或保持架)发生故障时,故障点与滚动体之间的相互碰撞会产生一种特定的频率。这种频率是由故障元件的类型和其与滚动体的相对运动关系所决定的。每种元件都有其独特的故障特征频率。通过检测和分析这些频率,我们可以准确地判断出是哪个元件发生了故障。这种方法为我们提供了一种非接触、无损且高效的方式来识别和诊断轴承的故障,有助于及时发现并解决问题,确保机车的安全和稳定运行。

滚动轴承故障振动频率与退化过程有关联。随着轴承故障的发展,会产生不同类型和频率的振动。

第一阶段:故障开始产生,主要是随机的超声频率,频率范围在 5000～60 000 Hz。这些是轴承的初始故障,可以通过测量振动尖峰能量、高频加速度、冲击脉冲等方法进行检测。

第二阶段:轴承失效发展期,次表面向表面扩展,短时的冲击信号在频域上是一个宽频信号,会激起轴承里那个不见的高频固有频率发生共振,使得振动加强。这可以通过加速度传感器信号得到,再用包络解调技术观察轴承的故障特征频率,在末期还可以观察到故障特征频率的倍频。

第三阶段:在共振频率端解调出来的轴承故障特征频率的倍频越来越高,可清晰看到轴承的故障特征频率,足以直接通过振动信号的功率谱观察到。

第四阶段:轴承失效末期,损伤点可通过肉眼观察到,噪声特别大,温度急速升高。在功率谱上可清晰看到轴承的故障特征频率及其倍频。若损伤点交替进入载荷区,还能在故障特征频率旁看到明显的调制旁频。高频的检测量开始下降,高频能量不升反降。

总的来说,滚动轴承故障振动频率与退化过程有关联。随着轴承故障的发展,振动的频率和类型也会发生变化,通过分析这些变化可以了解轴承的健康状态和故障程度。

1. 通用故障振动频率公式

(1) 若条件为滚动轴承没有滑动,滚动轴承几何尺寸没有变化,轴承外圈固定不旋转,则公式见表 2.1。

表 2.1　故障振动频率(1)

故障频率/Hz	计算公式
内圈故障特征频率 f_{inner}	$f_{inner} = \dfrac{Z}{2}\left(1 + \dfrac{d}{D}\cos\alpha\right)f_n$
外圈故障特征频率 f_{outer}	$f_{outer} = \dfrac{Z}{2}\left(1 - \dfrac{d}{D}\cos\alpha\right)f_n$
保持架故障特征频率 f_c	$f_c = \dfrac{1}{2}\left(1 - \dfrac{d}{D}\cos\alpha\right)f_n$
滚动体故障特征频率 $f_{rolling}$	$f_{rolling} = \dfrac{1}{2}f_n\left(1 - \dfrac{d^2}{D^2}\cos^2\alpha\right)\dfrac{D}{d}$

注: f_{inner}、f_{outer}、f_c、$f_{rolling}$ 分别表示缺陷位置在轴承内圈、外圈、保持架、滚动体所引起的内圈缺陷间隔频率、外圈缺陷间隔频率、保持架缺陷间隔频率以及滚动体缺陷间隔频率,单位为 Hz; D 为滚动体中心圆直径,单位为 mm; d 为滚动体直径,单位为 mm; α 为接触角,单位为角度或弧度; Z 为滚动体个数; f_n 为轴的旋转频率,单位为 Hz。

(2) 若条件为滚动轴承没有滑动,滚动轴承几何尺寸没有变化,轴承外圈和轴承内圈都旋转,则公式见表 2.2。

表 2.2　故障振动频率(2)

故障频率/Hz	计算公式
内圈故障特征频率 f_{inner}	$f_{inner} = \dfrac{Z}{2}\,\lvert N_i - N_o\rvert\left(1 + \dfrac{d}{D}\cos\alpha\right)$
外圈故障特征频率 f_{outer}	$f_{outer} = \dfrac{Z}{2}\,\lvert N_o - N_i\rvert\left(1 - \dfrac{d}{D}\cos\alpha\right)$
保持架故障特征频率 f_c	$f_c = \dfrac{1}{2}\left[N_o\left(1 + \dfrac{d}{D}\cos\alpha\right) + N_i\left(1 - \dfrac{d}{D}\cos\alpha\right)\right]$
滚动体故障特征频率 $f_{rolling}$	$f_{rolling} = \dfrac{1}{2}\,\lvert N_o - N_i\rvert\left(1 - \dfrac{d^2}{D^2}\cos^2\alpha\right)\dfrac{D}{d}$

注: N_i 表示轴承内圈角速度(轴转速); N_o 表示轴承外圈角速度。

2. 经验故障振动频率公式

若条件为滚动轴承没有滑动,滚动轴承几何尺寸没有变化,轴承外圈固定不旋转,则公式见表 2.3。

表 2.3　故障振动频率(3)

故障频率/Hz	计算公式
内圈故障特征频率 f_{inner}	$f_{inner} \cong 0.6 N_n$
外圈故障特征频率 f_{outer}	$f_{outer} \cong 0.4 N_n$
保持架故障特征频率 f_c	$f_c \cong 0.4 N$

注:N 表示轴承的转速;n 表示滚动体的数目。

3. 估算故障振动频率公式

若条件为滚动轴承没有滑动,滚动轴承几何尺寸没有变化,轴承外圈固定不旋转,则公式见表 2.4。

表 2.4　故障振动频率(4)

故障频率/Hz	计算公式
内圈故障特征频率 f_{inner}	$f_{inner} \cong (0.5n + 1.2)N$
外圈故障特征频率 f_{outer}	$f_{outer} \cong (0.5n - 1.2)N$
保持架故障特征频率 f_c	$f_c \cong (0.5 - 1.2/n)N$
滚动体故障特征频率 $f_{rolling}$	$f_{rolling} \cong (0.2n - 1.2/n)N$

轨道交通轴承寿命预测技术

　　轴承寿命预测是现代轨道交通轴承健康检测的重要方向之一。其核心是基于轨道交通轴承的振动信号采集和信号数据预处理技术,结合机器学习等技术预测轴承的寿命。通过对轴承振动信号的采集和信号数据的预处理,可以有效地提取轴承性能退化特征,并进行特征选择,以提高预测准确度和效率。本章主要介绍轨道交通轴承振动信号采集和信号数据预处理技术、轨道交通轴承性能退化特征提取技术与特征选择技术,以及轨道交通轴承寿命预测技术。

3.1　轴承振动信号采集与预处理技术

3.1.1　轴承振动信号采集技术

　　为预测轨道交通轴承寿命,需要采集全寿命周期振动信号数据。这些信号的幅值、频率和相位信息可以准确反映机械运行状况,并且信号的可靠性和稳定性对保证列车行驶安全至关重要。振动传感器通常用于采集轨道交通滚动轴承的振动信号,并将采集到的电信号转换为数字信号以进行预测分析。

1. 轴承振动信号采集原理

　　(1)振动传感器工作原理。

　　振动传感器通常由一对压电晶体片组成,用于检测冲击力或加速度,是监测滚动轴承工作状态最常用的传感器之一。传感器的工作原理是将物体的振动转换为电信号,而不是直接将机械量转换为电量。转换过程涉及机械接收和机电变换这两个关键部分。对于轴承振动的测量,可以使用两种主要类型的传感器:加速度传感器和位移传感器。

加速度传感器的工作原理是基于物体振动时产生的作用力作用于轴承和转轴之间,导致轴承座发生绝对振动。这些振动会引起加速度传感器内部的加速度计发生相应的加速度变化,从而产生电信号。它具有广阔的动态范围,可以测量不同幅值和频率的振动,同时具备可靠性高、小巧轻便等特点。加速度传感器原理图如图 3.1 所示。

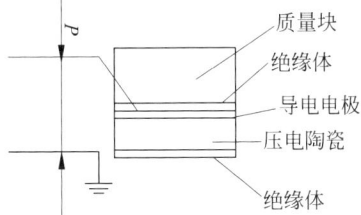

图 3.1　加速度传感器原理图

位移传感器则通过测量转轴和轴承座之间的相对振动来实现对轴承振动的测量。当轴承振动时,转轴和轴承座之间的距离会发生变化,位移传感器可以探测到这些微小的相对位移,并将其转化为电信号。它可以直接测量位移,提供准确的位移信息,适用于需要高精度位移测量的应用。

这些振动传感器对于轴承的振动监测和寿命预测非常重要。它们可以帮助监测轴承的状态,检测异常振动,并及早发现潜在的故障,从而实现对轴承寿命的有效维护和预测。

通过对物体振动信号的详细分析和处理,可以获得关于轴承工作状态和健康状况的重要信息。这使得我们能够及时发现潜在问题,并采取相应的措施,以确保轴承的正常运行和延长其使用寿命。

(2) 振动信号采样定理。

传感器采集到的电信号是连续变化的,为了让计算机能够处理这些信号,我们需要将它们转换成数字信号,这个过程叫作采样。采样的原理是在一系列离散的时间点上测量电信号的幅度,并将这些幅度值转换成数字形式。

采样定理规定了采样过程中应该遵循的规则。它指的是如果电信号的频率成分都在一个特定的范围内,并且采样频率足够高(至少是信号频率的两倍),那么我们可以通过这些离散的采样点来完全还原原始信号。如果信号包含高于采样频率一半的频率成分,就会发生混叠现象,导致信息丢失和信号失真。混叠的严重程度取决于这些高频率成分的相对强度。采样定理实际上描述了采样频率与信号频谱之间的关系,它是将连续信号离散化的基本原则。这样做可以确保我们在数字化信号的处理过程中不会损失重要的信息,同时避免混叠现象的发生。

2. 轴承振动信号采集方法

(1)轴承振动传感器的选择、安装部署。

选择和安装振动传感器对采集信号的有效性与寿命预测的可靠性至关重要。在选择振动传感器时,首先,需要考虑测量对象和测量环境,包括传感器的量程大小、被测位置对传感器体积的要求、接触式或非接触式测量以及有线或无线通信等因素;然后,需要确定传感器类型,考虑灵敏度、频率响应特性、线性范围和精度等具体性能指标。

振动传感器通常应安装在轴承座上。如果轴承座安装在内部,则传感器应安装在与轴承座连接刚性高的部分或基础上。测点有垂直、水平和轴向三个方向可供选择,并且每次测定的位置均不应变化,以确保前后不同时间内测得的数据具有可比性。

轴承在运转时会产生冲击性振动,这些振动将以压缩波的形式从接触点出发呈半球波面向外传播。在信号传播的路径上,如果遇到材料的转折处、尖角形状或两个零件的配合界面时,由于波的折射和反射将引起很大的能量损耗,因此需要将振动传感器安装在应使其接收方向指向滚道的负荷方向,并且尽可能减少中间界面。

在进行永久性轴承振动信号测试时,非常关键的一点是确保传感器与被测试物体之间的连接是稳固的。这通常需要采用刚性机械连接方式,例如通过黏结、夹紧或使用螺栓固定。这种连接方式的目的是防止连接部分松动,因为松动可能会导致虚假的振动信号,从而影响测试结果的准确性。

而对于临时性的轴承振动信号测试,一种常见的方法是使用永磁铁制成的磁座与传感器配合使用。在测量时,传感器可以通过螺栓与磁座连接在一起,然后将磁座放置在被测试物体的表面。由于永磁铁的吸附力,磁座会紧密吸附在被测物体上,从而确保传感器与被测物体之间的接触牢固。这种方式方便快捷,适用于需要临时测试的情况,同时也可以保证准确的振动信号测量。

(2)采样频率的选择。

采样频率是指单位时间内对连续信号采样的次数,通常以赫兹表示。对于振动信号的加速度采样,采样频率的选择应该考虑到信号的最高频率成分,根据奈奎斯特采样定理,采样频率应该大于信号最高频率的两倍,才能够完全还原原始信号。这个最高频率成分通常由测量对象的自然振动频率、共振频率以及故障频率等决定。假设振动信号的最高频率成分为 f_max，则采样频率应该选择大于 2f_max 的值，即 f_s>2f_max。对于频率范围较广或信号成分复杂的振动信号，应提高信号的分辨率和准确度。

3.1.2　轴承振动信号数据预处理技术

采集轴承振动信号后，需要进行数据预处理，以消除噪声和干扰，并提高信号质量，从而为后续的信号分析和处理提供可靠的数据。在实际轴承振动信号处理中，通常需要结合领域知识和实际情况来选择合适的预处理技术，并且考虑信号的频率范围、噪声类型和振动特性等因素，以确定最佳的滤波器和参数设置。常用的轴承振动信号数据预处理技术包括信号降噪处理和零均值化处理。

1. 信号降噪处理

采集轴承振动信号时，除了包含故障信息，还可能受多种干扰的影响，如机械噪声、电磁噪声等。这些噪声通常呈现非线性和非平稳特征，有时还可能相互混叠，从而降低轴承振动信号的准确性和精度。因此，在进行特征分析之前，需要对信号进行降噪处理。常用的信号降噪方法包括小波变换法、卡尔曼滤波法等。这些方法可以有效地去除信号中的噪声和干扰，提高信号的质量，有助于准确提取轴承振动信号的性能退化特征。

（1）小波变换方法。

小波变换的概念是由 J. Morlet 于 1974 年首先提出的，它是一种用于时间频率分析的信号处理技术，可以将信号分解成时间和频率两个维度，继承和发展了短时傅里叶变换局部化的思想，同时又克服了窗口大小不随频率变化等缺点，能够提供一个随频率改变的"时间-频率"窗口，是进行信号时频分析和处理的理想工具。它的主要特点是通过变换能够充分突出问题某些方面的特征，能对时空频率的局部化分析，通过伸缩平移运算对信号逐步进行多尺度细化，最终达到高频处时间细分、低频处频率细分的目的，能自动适应时频信号分析的要求，从而可聚焦信号的任意细节，解决了傅里叶变换的困难问题。

在应用小波变换时，需要注意三个关键参数：小波母函数、分解层数和小波系数截取阈值。其中，分解层数的选择会对信号的分离效果产生影响。一般而言，若分解层数越多，则能够分离出的信号成分越多，分离效果也越好,但同时也意味着计算时间会变得更长。因此,在实际应用中需要根据具体情况合理选择分解层数。

小波降噪的基本思想是对带有噪声的振动信号选择适当的小波基函数和分解层数进行小波分解,随后利用阈值函数对小波系数进行截取处理,最后将处理后的小波系数重构得到降噪信号。降噪的主要目的是消除信号中的噪声,而小波降噪的核心在于处理由噪声引起的小波系数。因此,使用不同的阈值函数进行降噪将会产生不同的降噪效果。选择合适的小波基函数和分解层数可以更好地提高降噪效果,但同时也会影响计算时间。

小波变换相关定义如下:

设函数 $f(t)$ 为一平方可积函数,记作 $f(t) \in L^2(R)$。

$\psi(t)$ 为小波母函数,并满足条件

$$C_\psi = \int_{-\infty}^{+\infty} \frac{|\Psi(\omega)|^2}{|\omega|} \mathrm{d}\omega < \infty$$

式中,$\Psi(\omega)$ 是 $\psi(t)$ 的傅里叶变换。

设尺度参数 a 为伸缩因子,尺度参数 b 为平移因子,将小波母函数 $\psi(t)$ 进行伸缩和平移得到小波基函数 $\psi_{a,b}(t)$,它是小波母函数 $\psi(t)$ 经过一系列伸缩和平移后得到的函数族。

$$\psi_{a,b}(t) = \frac{1}{\sqrt{2}} \psi\left(\frac{t-b}{a}\right), \quad a > 0$$

函数 $f(t)$ 的小波变换为

$$W_f(a,b) = \int_{-\infty}^{+\infty} f(t) \frac{1}{\sqrt{a}} \psi^*\left(\frac{t-b}{a}\right) \mathrm{d}t$$

式中,$\psi^*(t)$ 为 $\psi(t)$ 的共轭函数。

函数 $f(t)$ 在小波基函数 $\psi_{a,b}(t)$ 下的展开,称为函数 $f(t)$ 的连续小波变换(Continue Wavelet Transform,CWT),定义如下:

$$f(t) = C_\psi^{-1} \iint_{R^2} W_f(a,b) \frac{1}{a^2} \psi_{a,b}(t) \mathrm{d}a \, \mathrm{d}b$$

连续小波变化的概念及其公式更适用于理论分析。若采用计算机技术进行小波变换,则需要将小波变换进行离散化,以适用于数字计算机的处理。离散小波变换(Discrete Wavelet Transform,DWT)是相对于连续小波变换的变换方法,本质上是对参数 a 和 b 进行离散化。

对于一维信号而言,DWT 的离散化公式为

$$W(a,b) = \sum_{n=0}^{N-1} x[n] \Psi_{a,b}[n]$$

式中,N 为信号长度,$x[n]$ 是原始信号的样本值,$\Psi_{a,b}[n]$ 为小波基函数。

对于二维信号而言,DWT 的离散化公式为

$$W(a,b) = \sum_{m=0}^{M-1} \sum_{n=0}^{N-1} I(m,n) \Psi_{a,b}[m,n]$$

式中,M 和 N 表示一个 M 行 N 列的图像 $I(m,n)$。

在轴承振动信号中,大部分有用的振动信号都存在于低频分量中,仅有一小部分有用信号和噪声包含在高频分量中。虽然小波分析可以提取有用的信号,但它只对信号的低频部分进行分解。为了同时提取高频部分的有用信号,可以采用小波分解的方法,该方法可以同时对信号的低频和高频部分进行分解。这种方法能够更全面地提取有用的信号,但也会增加计算量和算法的复杂度。

(2)卡尔曼滤波方法。

卡尔曼滤波是一种用于消除噪声的滤波方法,最初由 Kalman 于 1960 年提出。它通过对系统状态进行估计,利用前一时刻的估计值和当前时刻的观测值来对当前时刻系统状态进行最优估计。卡尔曼滤波的应用十分广泛,包括控制系统、信号处理、机器人导航和金融等领域。实际测量信号往往受过程噪声和测量噪声的影响,与预测输出存在差异。卡尔曼滤波会实时更新系统状态估计的协方差矩阵,并根据上一时刻的滤波误差协方差和当前时刻的预测误差协方差来计算卡尔曼增益,从而实现对当前时刻状态变量的最优估计。通过不断递推系统滤波过程,每一步滤波都会引入新的系统测量数据来补充信息。在滤波迭代过程中,卡尔曼滤波算法能够及时修正对系统状态的估计值,从而减小状态估计误差。卡尔曼滤波算法适用于计算平稳或非平稳随机系统。

卡尔曼滤波线性状态方程离散形式如下:

$$\boldsymbol{x}_k = \boldsymbol{F}\boldsymbol{x}_{k-1} + \boldsymbol{B}\boldsymbol{u}_k + \boldsymbol{w}_k$$

$$\boldsymbol{y}_k = \boldsymbol{H}\boldsymbol{x}_k + \boldsymbol{v}_k$$

式中,$\boldsymbol{x}_k$,$\boldsymbol{x}_{k-1}$ 分别为 k 和 $k-1$ 时刻的状态向量,$\boldsymbol{w}_k$ 为 k 时刻的系统噪声向量,$\boldsymbol{u}_k$ 为 k 时刻的系统输入,$\boldsymbol{y}_k$ 为 k 时刻的系统输出,即观测值,$\boldsymbol{v}_k$ 为 k 时刻的测量噪声向量,$\boldsymbol{F}$ 为状态转移矩阵,$\boldsymbol{B}$ 为系统的输入矩阵,$\boldsymbol{H}$ 为系统的输出矩阵。$\boldsymbol{w}_k$ 和 $\boldsymbol{v}_k$ 是由系统参数不确定性和传感器误差引起的,且互不相关。取两种噪声引起的误差协方差矩阵分别为 $\boldsymbol{Q}$ 和 $\boldsymbol{R}$。

卡尔曼滤波器的时间更新状态估计如下：

$$\hat{x}_{\bar{k}} = F\hat{x}_{k-1} + Bu_{k-1}$$

$$P_{\bar{k}} = FP_{k-1}A^{\mathrm{T}} + Q$$

式中，$\hat{x}_{\bar{k}}$ 为 k 时刻状态方程的先验状态估计，即在没有使用该时刻观测 y_k 得到的状态估计值，$\hat{x}_{k-1}$ 为 $k-1$ 时刻的后验状态估计，即使用该时刻观测 y_{k-1} 得到的状态估计值，$P_{\bar{k}}$ 为 k 时刻的先验状态估计的误差协方差矩阵，P_{k-1} 为 $k-1$ 时刻的后验状态估计的误差协方差矩阵。

卡尔曼滤波器的状态更新如下：

$$K_k = P_{\bar{k}}H'(HP_{\bar{k}}H' + R)^{-1}$$

$$\hat{x}_k = \hat{x}_{\bar{k}} + FK_k(y_k - H\hat{x}_{\bar{k}})$$

$$P_k = (I - K_kH)P_{\bar{k}}$$

式中，K_k 为卡尔曼滤波增益，用于权衡预测值和测量值的相对权重，I 为相应维数的单位矩阵，$\hat{x}_k$ 为 k 时刻的后验状态估计，即 k 时刻的滤波后的输出。

2. 零均值化处理

零均值化处理是将数据序列中的每个值减去其均值，从而使得新序列的平均值为零的过程。该处理方法也被称为中心化处理，它对于信号的低频分量具有特殊的作用。信号的非零均值相当于在信号上添加了一个直流分量，而该直流分量的傅里叶变换在零频率处会产生一个尖峰，从而在频谱曲线的零频率附近产生较大的干扰。这种干扰会影响到零频率左右的频谱估计结果，并导致较大的误差。因此，在消除信号的直流分量时，零均值化处理非常有用，特别是在处理低频信号时，可以减小频谱估计的误差。零均值化处理的方法如下。

（1）设采集到的振动信号数据为 $\{x(i)\}$，$i=1,2,\cdots,N$，计算其均值 μ。

$$\mu = \frac{1}{N}\sum_{n=1}^{N}x(i)$$

（2）通过零均值化处理，构建一个新的信号数据 $\{u(i)\}$，$n=1,2,\cdots,N$。

$$u(i) = x_i - \mu$$

多维样本数据的分析是一个常见的数据分析任务。在这种情况下，样本数据通常包含多个属性或特征，每个属性都代表数据的不同维度。然而，由于不同属性的尺度和范围可能不同，直接使用原始数据进行分析可能会导致数据间的偏差和误差。因此,在进行数据分析前,需要对数据进行零均值化处理,以使得数据具有可比性和可解释性。零均值化处理通过计算每个属性的均值,并将原始数据减去均值,以消除数据的直流分量。这可以使得数据更加稳定,减小偏差和误差,同时便于数据的可视化和解释。

3.2　轨道交通轴承性能退化特征提取技术

特征提取是通过一系列方法处理原始信号包含的所有信息,提取出有用信息,形成表现轴承设备运行状态的特征集合。而特征提取的方法需要根据信号的本质进行选取。这里详细介绍关于轨道振动信号性能退化时域、频域,以及时频域提取方法。

3.2.1　轨道振动信号性能退化时域特征提取

在轨道振动信号性能退化时域特征提取过程中,时域统计指标提取是一种常用的信号处理方法,可用于分析和识别轨道轴承有关时间序列的数据。这种方法将变化明显的指标作为性能退化特征参数。时域统计指标可以分为有量纲指标和无量纲指标,其中有量纲指标是指具有明确计量单位的指标,无量纲指标则是指没有明确计量单位的指标。

1. 有量纲指标

通常情况下,有量纲指标所定义的特征量取值大小会随着外界条件的变化(如转速、负载等)而发生变化。有量纲指标包含最大值、最小值、方差、均值、均方值、均方根值、偏度、峭度和峰峰值。以下是对有量纲指标的描述,其中 $x(t)$ 表示时域轴承振动信号,T 表示总的观测时间。

(1) 最大值。
$$X_{\max} = \max\{x(t)\}$$
式中,max 表示最大值。

(2) 最小值。
$$X_{\min} = \min\{x(t)\}$$
式中,min 表示最小值。

(3) 方差。
$$\sigma_x^2 = \lim_{T \to \infty} \frac{1}{T} \int_0^T \left[x(t) - \mu x \right]^2 \mathrm{d}t = \int_{-\infty}^{+\infty} (x - \mu x)^2 p(x) \mathrm{d}x$$

方差反映的是信号中的动态分量,可以使用方差作为一种初步判断设备运行情况的方法。在轴承设备正常运转时,这些动态分量通常比较小,若方差明显增大,则可能表明设备出现了异常或故障。

(4)均值。

$$\mu x = \lim_{T \to \infty} \frac{1}{T} \int_0^T x(t) \, \mathrm{d}t = \int_{-\infty}^{+\infty} x p(x) \, \mathrm{d}x$$

式中,$p(x)$ 表示振动信号 $x(t)$ 的概率密度,$p(x) = \lim\limits_{\Delta x \to 0} \frac{1}{\Delta x} \left(\lim\limits_{T \to \infty} \frac{\Delta T}{T} \right)$,其中 ΔT 表示信号 $x(t)$ 取值在区间 $(x, x + \Delta x)$ 内的总时间。

(5)均方值。

$$\psi_x^2 = \lim_{T \to \infty} \frac{1}{T} \int_0^T x^2(t) \, \mathrm{d}t = \int_{-\infty}^{+\infty} x^2 p(x) \, \mathrm{d}x$$

(6)均方根值。

$$X_{\mathrm{rms}} = \sqrt{\psi_x^2} = \sqrt{\lim_{T \to \infty} \frac{1}{T} \int_0^T x^2(t) \, \mathrm{d}t} = \sqrt{\int_{-\infty}^{+\infty} x^2 p(x) \, \mathrm{d}x}$$

均方根值也称为方均根值或有效值,它是用来表示动态信号强度的指标。

(7)偏度。

$$\alpha = \lim_{T \to \infty} \frac{1}{T} \int_0^T x^3(t) \, \mathrm{d}t = \int_{-\infty}^{+\infty} x^3 p(x) \, \mathrm{d}x$$

偏度也称为偏态系数,是统计数据分布偏斜方向和程度的度量,是统计数据分布非对称程度的数字特征。

(8)峭度。

$$\beta = \lim_{T \to \infty} \frac{1}{T} \int_0^T x^4(t) \, \mathrm{d}t = \int_{-\infty}^{+\infty} x^4 p(x) \, \mathrm{d}x$$

峭度反映了信号概率密度函数峰顶的凸平度,对大幅度值非常敏感,适合于探测轴承的性能退化处信息。

(9)峰峰值。

$$X_{\mathrm{ppv}} = X_{\max} - X_{\min} = \max\{x(t)\} - \min\{x(t)\}$$

信号的最大值和最小值给出了信号变化的范围,信号的峰峰值通常用来表示振动大小,即信号强度的变化。

2. 无量纲指标

无量纲指标通常包括峰值指标、脉冲指标、裕度指标、峭度指标、波形指标。这种指标一般不会因为负载和转速等外界条件的变化而发生改变。以下是对常见的无量纲指标的描述。

（1）峰值指标。

$$C = \frac{X_{\max}}{X_{\mathrm{rms}}} = \frac{最大值}{均方根值}$$

（2）脉冲指标。

$$I = \frac{X_{\max}}{|\overline{X}|} = \frac{最大值}{绝对平均幅值}$$

（3）裕度指标。

$$L = \frac{X_{\max}}{X_{\mathrm{r}}} = \frac{最大值}{方根幅值}$$

（4）峭度指标。

$$K_{\mathrm{v}} = \frac{\beta}{X_{\mathrm{rms}}^{4}} = \frac{峭度}{均方根值^{4}}$$

（5）波形指标。

$$k = \frac{X_{\mathrm{rms}}}{|\overline{X}|} = \frac{均方根值}{绝对平均幅值}$$

式中，绝对平均幅值 $|\overline{X}| = \int_{-\infty}^{+\infty} |x| p(x)\mathrm{d}x$，方根幅值 $X_{\mathrm{r}} = \left[\int_{-\infty}^{+\infty} \sqrt{|x|} p(x)\mathrm{d}x\right]^{2}$。

无量纲指标仅对设备运行状态、缺陷等敏感，当设备运行状态发生变化时，这些无量纲指标会有明显的变化。

3.2.2　轨道振动信号性能退化频域特征提取

当轨道轴承性能退化的时候，其信号会发生明显的变化。这里可以通过应用轴承振动信号频域分析的方法去判断轴承退化信息。频域特征信息由时域特征信息进行傅里叶变换后得到。幅度谱分析和功率谱分析是进行频域分析时经常使用的方法。

（1）幅度谱分析。

当取得时域信息之后，可以进行傅里叶变换来获取频域信息。两者之间的变换公式如下：

$$X(f) = \int_{-\infty}^{+\infty} r(t)\mathrm{e}^{-\mathrm{j}2\pi ft}\mathrm{d}t$$

式中，$x(t)$ 表示时域信息，j 代表复数单位根，f 表示信号的频率，$X(f)$ 表示频域信息，即信号的幅度谱。当然也可以进行逆变换：

$$x(t) = \int_{-\infty}^{+\infty} X(f) e^{j2\pi ft} \, \mathrm{d}f$$

（2）功率谱分析。

功率谱分析指提取信号中各频率成分的能量大小，定义功率谱计算公式如下：

$$S(f) = \lim_{T \to \infty} \frac{1}{T} |X(f)|^2$$

功率谱分析可以将信号在频域上进行分解，可以清晰地看到信号在各个频率上的能量分布情况，从而可以更好地理解信号的频率特性。

轨道轴承振动信号性能退化频域分析常用特征提取指标包括重心频率、均方频率、均方根频率、频率方差和频率标准差。

（1）重心频率。

$$\mathrm{FC} = \frac{\int_{0}^{+\infty} f S(f) \mathrm{d}f}{\int_{0}^{+\infty} S(f) \mathrm{d}f}$$

（2）均方频率。

$$\mathrm{MSF} = \frac{\int_{0}^{+\infty} f^2 S(f) \mathrm{d}f}{\int_{0}^{+\infty} S(f) \mathrm{d}f}$$

（3）均方根频率。

$$\mathrm{RMSF} = \sqrt{\mathrm{MSF}}$$

（4）频率方差。

$$\mathrm{VF} = \frac{\int_{0}^{+\infty} (f - \mathrm{FC})^2 S(f) \mathrm{d}f}{\int_{0}^{+\infty} S(f) \mathrm{d}f}$$

（5）频率标准差。

$$\mathrm{RVF} = \sqrt{\mathrm{VF}}$$

重心频率、均方频率和均方根频率通常用来描述功率谱主频位置的变化情况，频率方差和频率标准差用来描述谱能量的分散程度。

3.2.3 轨道振动信号性能退化时频域特征提取

1. 小波分析法

小波分析是一种窗口面积固定但其形状可改变,即时间和频率窗都可改变的时频局部化分析方法,由于它在分解的过程中只对低频信号再分解,对高频信号不再实施分解,使得它的频率分辨率随频率升高而降低。在这种情况下,小波理论应运而生,它不仅对低频部分进行分解,对高频部分也实施了分解,而且小波包络分析能根据信号特性和分析要求自适应地选择相应频带与信号频谱相匹配,是一种比小波分析更为精细的分解方法。

在小波变换中,信号被分解为一组子带,每个子带可以捕捉不同频率和时间范围的信息。在获取要分析的信号数据后,要对其进行预处理,如去噪、滤波、降采样等,以确保信号的质量。将信号进行小波分解生成一组小波系数,选择不同的小波基函数和分解层数,以调整分解的粒度。然后从小波分解的系数中提取包络信息。通常可以使用一种能量测量(如均方根值)来提取每个小波子带的包络。从包络信息中提取特征,可以包括时域特征(如均值、方差、峰值等)和频域特征(如频谱特征),这些特征可以用于进一步的分析或分类任务。

定义函数 $u_n(t)$ 满足下面的双尺度方程:

$$u_{2n}(t) = \sqrt{2} \sum_{k \in \mathbf{Z}} h_k u_n(2t - k)$$

$$u_{2n+1}(t) = \sqrt{2} \sum_{k \in \mathbf{Z}} g_k u_n(2t - k)$$

式中,t 表示时间,k 表示时间平移因子,$\mathbf{Z}$ 表示整数集,h_k 和 g_k 表示尺度滤波器(低通滤波器,Scaling Filter)和小波滤波器(高通滤波器,Wavelet Filter)的系数,分别由尺度函数 $\phi(t)$ 和小波函数 $\psi(t)$ 决定,即 $h_k = \langle \phi_{j,0}(t), \phi_{j-1,k}(t) \rangle$,$g_k = \langle \psi_{j,0}(t), \psi_{j-1,k}(t) \rangle$。

h_k 和 g_k 与具体尺度无关,无论对哪两个相邻级其值都相同。其中 $\phi_{j,k}(t)$ 和 $\psi_{j,k}(t)$ 分别是尺度函数 $\phi(t)$ 和小波函数 $\psi(t)$ 经过整数平移 k 和在尺度 j 上的伸缩得到的族,即

$$\phi_{j,k}(t) := 2^{-j/2} \phi(2^{-j}t - k)$$

$$\psi_{j,k}(t) := 2^{-j/2} \psi(2^{-j}t - k)$$

定义函数集合 $\{u_n(t)\}$(其中 $n \in \mathbf{Z}$)为由 $u_0(t) = \phi(t)$ 所确定的小波。

定义 $u_n(t)$ 的二进伸缩平移族:

$$u_{n,j,k}(t) := 2^{\frac{j}{2}} u_n(2^j t - k)$$

定义分解信号 $x(t)$ 对应小波系数：

$$d_{j+1,k}^n := \langle x(t), u_{n,j+1,k}(t) \rangle$$

分解相邻级间小波系数递推公式：

$$d_{j+1,k}^{2n} = \sum_l h_{2l-k} d_{j,l}^n$$

$$d_{j+1,k}^{2n+1} = \sum_l g_{2l-k} d_{j,l}^n$$

小波重构公式如下：

$$d_{j,l}^n = \sum_k \left[h_{l-2k} d_{j+1,k}^{2n} + g_{l-2k} d_{j+1,k}^{2n+1} \right]$$

通过将每个小波系数与相应的小波基函数相加，然后将它们之和进行重构，可以从小波分解的信号中还原原始信号。

2. 经验模态分解法

经验模态分解（Empirical Mode Decomposition，EMD）是一种信号时频域处理方法，用于将复杂的非线性和非平稳信号分解成一组本质模态函数（Intrinsic Mode Functions，IMF）。EMD 不依赖于预先设定的基函数，而是通过迭代自适应的方式将信号分解成多个 IMF，这些 IMF 可以代表信号的不同频率分量和振幅调制特征。每个 IMF 必须满足两个定义：在整个数据集中，极值数和过零数必须相等或不大于1；在任意点上，由局部极大值和局部极小值定义的包络线的均值为零。EMD 作为时频域的处理方法，最显著的特点，就是其克服了基函数无自适应性的问题。常用于信号分析、噪声去除、模态分析等领域。

EMD 的算法步骤如下：

（1）找到 $x(t)$ 的局部极值点，其中极大值点可表示为

$$x(t_i) > x(t_{i-1}) \text{ 且 } x(t_i) > x(t_{i+1})$$

极小值点可表示为

$$x(t_i) < x(t_{i-1}) \text{ 且 } x(t_i) < x(t_{i+1})$$

（2）通过连接相邻的极大值点和极小值点，分别构建上包络线 $U(t)$ 和下包络线 $L(t)$。

（3）计算上包络线和下包络线的均值 $m(t)$：

$$m(t) = \frac{U(t) + L(t)}{2}$$

（4）从原始信号中减去均值 $m(t)$，得到参差信号 $h(t)$：

$$h(t) = x(t) - m(t)$$

检查 $h(t)$ 是否满足 IMF 的定义，即在局部极值点上交替上下波动，并且极大值点和极小值点之间应有相等数量的交替。如果满足条件，则当前 $h(t)$ 即为一个 IMF；否则，将 $h(t)$ 作为新的输入，重复上述步骤，直到满足 IMF 的条件。

（5）将每个提取出的 IMF 从原始信号中减去，然后将剩余的信号作为新的输入，重复上述过程，直到剩余的信号无法再分解为 IMF。

（6）重复迭代的过程会逐渐将信号分解成多个 IMF，这些 IMF 构成了信号的分解结果。

3. 变分模态分解法

变分模态分解（Variational Mode Decomposition，VMD）也是一种信号时频域处理方法，用于将复杂信号分解成一组本征模态函数（IMF）。每个 IMF 代表了信号中的一种振动模式或频率成分。VMD 的核心思想是通过优化问题来找到这些 IMF，以最小化原始信号与 IMF 之间的差异，同时满足一些约束条件。

VMD 算法步骤如下。

（1）选择要分解的 IMF 数量 k，初始化正则化参数 α，用于控制 IMF 的平滑性和稀疏性。定义希尔伯特谱函数集合：

$$\{f_n(\lambda_k)\}$$

式中，λ_k 是频率中心参数，通常在一定范围内均匀分布。

初始化 IMF $\{u_k(t)\}$ 和谱函数 $\{f_n(\lambda_k)\}$。

（2）在每次迭代中对每个 IMF $\{u_k(t)\}$ 和对应的谱函数 $\{f_n(\lambda_k)\}$ 进行优化：

$$\min_{u_k(t),f_n(\lambda_k)} \frac{1}{2} \| x(t) - \sum_{K=1}^{K} u_k(t)f_n(\lambda_k) \|_2^2 + \alpha R(u_k(t))$$

式中，$R(u_k(t))$ 是正则化项，通常用于控制 IMF 的平滑性和稀疏性。

（3）定义停止条件，通常包括达到指定的迭代次数或 IMF 的收敛程度满足一定标准。

（4）一旦停止条件满足，将最终的 IMF $\{u_k(t)\}$ 和对应的谱函数 $\{f_n(\lambda_k)\}$ 作为信号的分解结果。

（5）对分解的 IMF 进行后处理，如平滑、滤波或进一步分析。

VMD 是一种迭代的数学优化方法，通过调整 IMF 和谱函数，逐步将信号分解成不同的振动模式。每次迭代都尝试寻找最优的 IMF 和谱函数，直到满足停止条件。这使得 VMD 能够适应不同类型的信号和特定的应用需求。

4. 局部均值分解法

局部均值分解（Local Mean Decomposition，LMD）是一种自适应的信号时频分析方法，能够依据信号的自身特点将复杂的多分量调幅调频信号分解为有限个的单分量调幅调频信号之和，进而求取瞬时频率和瞬时幅值并进行组合，得到原始信号完整的时频分布。LMD 的原理基于局部信号均值的提取和调整，以便更好地分析信号的局部特征。旨在从复杂的信号中提取局部特征。它的基本思想是将信号分解成多个局部成分，每个局部成分包含局部均值和局部振幅。这有助于揭示信号的局部变化和结构。与经验模态分解方法相比，在端点效应、虚假分量、过包络和欠包络等问题方面有所改善。

局部均值分解算法能够根据信号自身的复杂程度及变化规律，将一个复杂的多分量信号通过多重循环迭代的方式逐步分解成若干乘积函数和一个残余分量之和，而每个乘积函数都是一个包络函数和一个纯调频函数的乘积。这种相乘得到的乘积函数分量本质上是一个单分量调制信号，理论上应与某一物理过程对应，确保了通过乘积函数分量所对应的纯调频函数求得的瞬时频率具有明确的物理意义，将每个乘积函数的瞬时频率与瞬时幅值进行组合，得到原始信号完整的时频分布，进而可以将信号能量在空间各尺度上的分布规律清楚明确地揭示出来。

LMD 方法实质上是将一个复杂的多分量信号分解成若干乘积函数分量之和，从而可以在原信号的不同频带提取出特征信息。在整个分解过程中，需要不断地将原始信号中的高频成分提取出来并逐步剔除。分解开始时，首先需要找出信号的所有局部极值点，然后采用滑动平均的方式来获得信号的局部均值函数和包络估计函数，从原始信号中去除局部均值函数，并且与包络估计函数进行解调直到得到标准的纯调频函数终止循环迭代，将迭代过程中产生的所有包络估计函数的乘积作为包络函数，并与最后所得的纯调频函数相乘，即求得了第一阶乘积函数分量，从原始信号中分离出第一阶乘积函数分量后再重复以上步骤，依次分解得到各阶乘积函数分量及残余分量。

LMD 的实现步骤如下。

(1) 设原始信号为 $x(t)$，找出其每一个局部极值点 n_i，计算 n_i 和 n_{i+1} 的平均值。

$$m_i = \frac{n_i + n_{i+1}}{2}$$

将所有平均值 m_i 在对应极值点时刻 t_i 和 $t_{n_{i+1}}$ 之间进行直线延伸，采用滑动平均法对延伸直线进行平滑处理，得到局部均值函数 $m_{11}(t)$。

(2) 计算局部幅值 α_i。

$$\alpha_i = \frac{\mid n_i - n_{i+1} \mid}{2}$$

将所有局部幅值 α_i 在对应极值点时刻 t_i 和 $t_{n_{i+1}}$ 之间进行直线延伸，采用滑动平均法对延伸直线进行平滑处理，得到局部均值函数 $\alpha_{11}(t)$。

(3) 从原始信号 $x(t)$ 中分离出局部均值函数 $m_{11}(t)$。

$$h_{11}(t) = x(t) - m_{11}(t)$$

(4) 用 $\alpha_{11}(t)$ 和 $h_{11}(t)$ 进行解调，得到

$$s_{11}(t) = \frac{h_{11}(t)}{\alpha_{11}(t)}$$

此时，我们需要判断 $s_{11}(t)$ 是否为纯调频函数（纯调频函数振幅恒为 1，且 $-1 \leqslant s_{11}(t) \leqslant 1$。若 $\alpha_{12}(t)$ 是 $s_{11}(t)$ 函数的包络估计函数，则 $\alpha_{12}(t) \equiv 1$），如果不是纯调频函数则返回步骤(1)对 $s_{11}(t)$ 重复以上迭代过程，直到得到一个纯调频信号 $s_{1n}(t)$，则有

$$h_{1n}(t) = s_{1(n-1)}(t) - m_{1n}(t)$$

(5) 将整个迭代过程中产生的所有局部包络函数相乘，得到包络信号 $\alpha_1(t)$。

$$\alpha_1(t) = \alpha_{11}(t)\alpha_{12}(t) \cdots \alpha_{1n}(t) = \prod_{q=1}^{n} \alpha_{1q}(t)$$

(6) 原始信号的第一个 PF 分量即为包络信号 $\alpha_1(t)$ 和纯调频信号 $s_{1n}(t)$ 的乘积。

$$PF_1(t) = \alpha_1(t)s_{1n}(t)$$

(7) 从原始信号 $x(t)$ 中将 PF 分量分离出来，并且得到的新信号 $u_1(t)$ 作为一个新的原始信号，重复步骤(1)~(6)并且进行 k 次循环，直至 $u_k(t)$ 为一个单调函数为止，则有

$$u_k(t) = u_{k-1}(t) - \mathrm{PF}_k(t)$$

经过多次循环迭代的分解之后,原始信号最终被分解成 k 个 PF 分量和一个余量 $u_k(t)$ 之和的形式,即

$$x(t) = \sum_{p=1}^{k} \mathrm{PF}_p(t) + u_k(t)$$

3.3　轨道交通轴承性能退化特征选择技术

3.3.1　基于机器学习主成分分析的特征选择方法

主成分分析(PCA)是一种常用的多元数据分析方法,可以用于数据降维和特征提取,如图 3.2 所示。在特征提取方面,PCA 可以用来识别影响数据变量的主要因素。PCA 的基本思想是将原始的高维数据投影到一个低维的新坐标系上,使得数据在新坐标系下的方差最大。这个新坐标系的坐标轴就是主成分。因此,PCA 可以用来提取轨道轴承原始数据中最主要的成分。

全部特征 → 最佳特征子集 → 算法 → 模型评估

图 3.2　特征选择中的 PCA 方法

利用主成分分析方法进行特征选择的步骤如下。

(1) 对原始数据进行去中心化处理。得到的处理后的数据均值为 0,标准差为 1。公式为

$$x_i^* = \frac{x_i - \mu}{\sigma}$$

式中,μ 代表总体样本数据的均值,σ 为标准差,x_i 为原始数据。

(2) 最优化投影方差函数。在将数据 x_i^* 进行线性变换为 $\boldsymbol{U}^{\mathrm{T}} x_i^*$ 之后,可以得到协方差矩阵,公式为

$$\frac{1}{n} \sum_{i=1}^{n} (\boldsymbol{U}^{\mathrm{T}} x_i^*)^2 = \frac{1}{n} \sum_{i=1}^{n} \boldsymbol{U}^{\mathrm{T}} x_i^* (x_i^*)^{\mathrm{T}} \boldsymbol{U}$$

这里用 $\boldsymbol{S}$ 代表求得的协方差矩阵 $\dfrac{1}{n} x_i^* (x_i^*)^{\mathrm{T}}$,可以得到最优化投影方差函数:

$$\max_{u_1} \boldsymbol{U}^{\mathrm{T}} \boldsymbol{S} \boldsymbol{U}$$

$$\mathrm{s.t.} \ \|\boldsymbol{U}\|_2^2 = 1$$

（3）之后要对最优化投影方差函数进行求解,使用拉格朗日乘子法来进行并且按照所需维度确定最优化矩阵。应用拉格朗日乘子法可得到的结果如下：

$$SU = \lambda U$$

进一步对协方差矩阵进行特征分解,并求出特征值 λ_i,将特征值按照大小进行排序,相应的特征向量进行排列,可以得到前 k 个特征向量,形成了最优化矩阵 $U = (u_1, u_2, \cdots, u_k)$。

（4）最优化矩阵 U 乘以全体原始数据 X 就得到特征选择后的数据 Y。

3.3.2　基于机器学习包裹法的特征选择方法

包裹式特征选择法从初始特征集合中不断地选择特征子集,训练学习器,根据学习器的性能来对子集进行评价,直到选择出最佳的子集,如图 3.3 所示。包裹式特征选择直接针对给定学习器进行优化。其优点是从最终机器学习的性能来看,包裹式特征选择比过滤式特征选择更好;缺点是由于特征选择过程中需要多次训练学习器,因此包裹式特征选择的计算开销通常比过滤式特征选择要大得多。

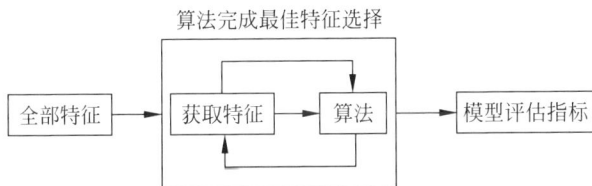

图 3.3　特征选择中的包裹方法

包裹式特征选择法中最著名的算法是递归特征消除算法（Recursive Feature Elimination,RFE）。递归特征消除算法最早是由 Guyon 等提出,该算法在特征选择中被广泛使用,并被扩展和改进用于各种机器学习任务。其目的是从原始特征集合中递归地选择子集,并使用这些子集进行模型训练和性能评估。该算法的基本思想是首先使用某种特征评估方法对所有特征进行排序,然后迭代地从当前特征集合中删除最不重要的特征,直到达到预定的特征数目或达到性能指标的最优值。

基于递归特征消除算法的特征选择方法具体步骤如下：

（1）从原始特征集合中提取所有特征。给定原始特征集合 $\{X\}$,目标特征数目 k,选择一个机器学习模型 M 和特征评估方法 E。令 $n = |X|$ 表示

原始特征数目。

（2）特征排序。对所有特征进行评估，并按照重要性进行排序。常见的特征评估方法包括 Pearson 相关系数、互信息、基尼系数等。

（3）特征消除。从当前特征集合中逐步删除最不重要的特征，直到达到预定的特征数目 k。具体而言，定义一个递归式函数 $R_k(X)$，表示从特征集合 X 中选择 k 个最重要的特征所得到的最优子集。其定义如下：

$$R_k(X) = \begin{cases} X, & k = n \\ \mathrm{argmax}_{S \in X} E(M, S), & k = 0 \\ R_{k+1}(X \setminus \{f\}), & k \neq 0, k \neq n \end{cases}$$

式中，X 是原始特征集合，k 是目标特征数目，$n = |X|$ 是原始特征数目，M 是机器学习模型，$E(M, S)$ 是特征评估方法，表示使用机器学习模型 M 对特征子集 S 进行训练和评估所得到的性能指标，如准确率、F1 分数等。在第三种情况中，$R_{k+1}(X \setminus \{f\})$ 表示对所有 X 的子集 S 进行评估，并返回得分最高的子集。最终，当 k 达到预设的目标值时，递归过程终止，并输出最终选择的特征子集。

（4）输出最终选择的特征子集 $R_k(X)$。需要注意的是，RFE 算法的实现方式可能略有不同，例如，可以使用交叉验证来评估特征子集的性能。

3.3.3　基于机器学习嵌入法的特征选择方法

特征选择是为了筛选对模型训练重要的特征，进行特征选择的好处在于，可以减少训练数据量，加快模型训练速度，还可以减少模型复杂度，避免过拟合。嵌入式特征选择方法是指将特征选择嵌入模型训练的过程中，通过优化模型的目标函数来选择最优的特征。

机器学习嵌入式特征选择方法的特点是将特征选择嵌入模型构建的过程中，其封装方法如图 3.4 所示。在使用嵌入法时，需要先使用某些机器学习的算法和模型进行训练，得到各个特征的权重系数，而后根据权值系数从大到小选择特征。其中的权值系数通常代表了特征对于模型的某种贡献或某种重要性，例如，决策树和树的集成模型中的 feature_importances_ 属性能够列出各个特征对树建立的贡献。因此可以基于这种对贡献的评估，找出对模型建立最有用的特征。相对于机器学习过滤法，嵌入法的结果会更加精确到模型的效用本身，对提高模型效果有更好的帮助。此外，由于考虑特征对模型的贡献，无关的特征（需要相关性过滤的特征）和无区分度的特征

(需要方差过滤的特征)都会因为缺乏对模型的贡献而被删除。

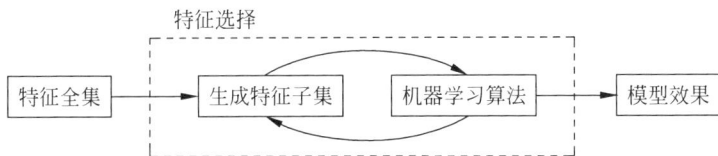

图 3.4　特征选择中的封装方法

常见的嵌入式特征选择方法包括 Lasso 回归、Ridge 回归、Elastic Net 等。这些方法都是基于正则化的思想,通过对模型参数进行惩罚来实现特征选择。

正则化(Regularization)是在以增加训练偏差为代价的前提下降低测试偏差的所有策略。也就是说,正则化的主要目的也就是避免使用模型的过拟合。在构造轴承的 RUL 预测模型时,最终目的是让模型面对新数据的时候,可以有较好的预测能力。当运用比较复杂的模型如神经网络,去拟合数据时,很容易出现过拟合现象。例如,可能出现训练集表现很好,但测试集表现较差的情况。这会导致模型的泛化能力下降,需要使用正则化降低模型的复杂度,从而解决过拟合问题。

L1 正则化,又叫 Lasso Regression,L1 是向量各元素的绝对值之和。为模型加入先验,简化模型,使权值稀疏,从而过滤掉一些无用特征,防止过拟合。

$$\min_{\boldsymbol{\omega}} \frac{1}{2n_{\text{samples}}} \parallel \boldsymbol{X_{\omega}} - \boldsymbol{y} \parallel_2^2 + \alpha \parallel \boldsymbol{\omega} \parallel_1$$

L2 正则化,又叫 Ridge Regression,L2 是向量各元素的平方和,会使得权值减小,即使平滑权值,一定程度上也能和 L1 一样起到简化模型、加速训练的作用,同时可防止模型过拟合。

$$\min_{\boldsymbol{\omega}} \parallel \boldsymbol{X_{\omega}} - \boldsymbol{y} \parallel_2^2 + \alpha \parallel \boldsymbol{\omega} \parallel_2^2$$

3.4　轨道交通轴承寿命预测智能技术

轨道交通滚动轴承寿命预测智能技术是一种应用人工智能方法,以数据为基础,用于推测轴承寿命的技术。这种技术的优势在于能够深入挖掘轴承运行数据的关键特征,包括那些传统专家系统难以涵盖的特征。基于数据驱动的轴承寿命预测方法通常可以划分为两大类:寿命数据挖掘智能预测方法和寿命深度学习智能预测方法。在数据挖掘方法中,常常运用传统的机器学习算法,如回归分析、支持向量回归、神经网络构建寿命预测模型,适用于规模相对较小的数据集。与此不同,深度学习方法则主要依赖深度神经网络技术,如卷积神经网络、深度信念网络和循环神经网络,以应对大规模数据集下的寿命预测挑战。

3.4.1　回归分析

回归分析是一种预测建模技术的方法,主要研究目标和预测器之间的关系,即通过使用最佳的拟合直线,建立因变量和一个或多个自变量之间的关系。这一技术经常被用于预测、时间序列模型和寻找变量之间因果关系。在轨道交通轴承寿命预测应用中,通常预测变量是已知的,响应变量是需要预测的,也就是具有预测属性。

给定预测变量描述的元组,需要预测与响应变量的相关联的值。当所有预测变量是连续的时,回归分析是一个很好的选择。此外,回归分析还能够显示多个自变量对一个因变量影响程度的大小。许多问题可以用线性回归解决,另外一些问题可以通过对变量进行变换,将非线性问题转换成线性问题来处理。许多回归技术可以用来做轨道交通轴承的寿命预测,这些回归技术主要有三个度量,分别是独立变量的数量、度量变量的类型和回归线的形状。

以一元线性回归为例,对数据集进行建模时,可以对参数取不同的值从而构建不同的直线,直线方程如下,这样可以形成一个参数的集合。在这个集合中存在最佳的组合描述数据集。

$$\hat{y} = mx + b$$

得到不同的参数后,可以通过损失函数衡量哪条直线为最佳,损失函数计算模型预测值 $\hat{y}$ 和真实值 y 之间的差异程度如下,损失函数越大,越不能拟合数据,效果越差。

$$L(\hat{y}_i - y_i) = \frac{1}{N} \sum_{i=1}^{N} (\hat{y}_i - y_i)^2$$

监督学习的过程就可以被定义为给定 N 个数据对 (x, y),寻找最佳参数 m^* 和 b^* 如下,使模型更好地拟合这些数据。

$$m^*, b^* = \underset{m,b}{\mathrm{argmin}} L(m, b) = \underset{m,b}{\mathrm{argmin}} \frac{1}{N} \sum_{i=1}^{N} \left[(mx_i + b) - y_i \right]^2$$

回归分析建模流程如下所示：

（1）明确需求，确定分析对象即因变量，同时确定自变量和回归分析的模型。

（2）对数据进行清洗，对缺失值进行处理，将异常值填为均值。

（3）检验线性回归分析模型的拟合程度，判断回归分析模型是否可用于实际检测。

（4）通过不断重复训练，直至满足要求，输出结果。

评价回归算法的好坏是看它的预测结果与真实结果的差异大小。在回归算法中，我们最常用的评估指标有平均绝对误差、均方误差、均方根误差、决定系数等。

平均绝对误差（MAE）就是计算每个样本预测值和真实值的差的绝对值，然后求和再取平均值。其公式如下：

$$\text{MAE}(y,\hat{y}) = \frac{1}{m}\sum_{i=1}^{m}(|y_i - f(x_i)|)$$

式中，y_i 为真实值，$f(x_i)$ 和 $\hat{y}$ 为模型的预测值。

均方误差（MSE）就是计算每个样本预测值与真实值的差的平方，然后求和再取平均值。其公式如下：

$$\text{MSE}(y,\hat{y}) = \frac{1}{m}\sum_{i=1}^{m}(y_i - f(x_i))^2$$

均方根误差（RMSE）就是在均方误差的基础上再开方。其公式如下：

$$\text{RMSE}(y,\hat{y}) = \sqrt{\frac{1}{m}\sum_{i=1}^{m}(y_i - f(x_i))^2}$$

决定系数 R^2（R-Squared）用于度量因变量的变异中可由自变量解释部分所占的比例，以此判断统计模型的解释能力。将已解释的方差除以总方差，代表了总方差被预测变量所解释或决定的比例。决定系数 R^2 的值为 0 到 1，R^2 越接近 1，说明模型的效果越好，R^2 越接近 0，说明的模型效果越差，当 R^2 为负值时说明模型的效果非常差。

$$R^2(y,\hat{y}) = 1 - \frac{\sum_{i=1}^{n}(y_i - \hat{y}_i)^2}{\sum_{i=1}^{n}(y_i - \bar{y}_i)^2} = 1 - \frac{\frac{1}{n}\sum_{i=1}^{n}(y_i - \hat{y}_i)^2}{\frac{1}{n}\sum_{i=1}^{n}(y_i - \bar{y}_i)^2}$$

$$= 1 - \frac{\text{MSE}}{\text{Var}}$$

式中, $\bar{y}$ 为 y 的平均值,分子部分表示真实值与预测值的平方差之和,类似于均方误差 MSE,分母部分表示真实值与均值的平方差之和,类似于方差 Var。

以上提到的度量,除了 R^2 的值,其他都是越小越好。使用哪种评价指标取决于目标,实际运用中往往会运用多种度量综合考虑。

上述列举了一元线性回归的例子,帮助理解轴承寿命预测中回归模型的建立,在更多的现实问题中需要应用广义线性模型处理。广义线性模型是普通线性回归模型的推广,有多种变体或衍生。广义线性模型旨在解决普通线性回归模型无法处理因变量离散的问题,并发展为能够解决非正态因变量回归建模任务的建模方法。

3.4.2　支持向量回归

支持向量回归(Support Vector Regression,SVR)是一种机器学习算法,作为支持向量机(Support Vector Machines,SVM)的分支而被提出,用于解决回归问题。与传统的线性回归方法不同,SVR 可以处理非线性关系和高维数据,具有很好的泛化能力。

SVR 的主要目标是建立一个回归模型,该模型可以根据输入数据预测连续型目标变量的值。与分类问题不同,回归问题中的目标变量是连续的,因此 SVR 的目标是找到一个函数,可以最小化预测值与实际值之间的误差。

支持向量回归的原理包括以下几个关键概念。

(1)分割超平面。支持向量机试图寻找一个能够将不同类别样本完全分开的超平面。对于二分类问题,这个超平面是一个二维平面;对于多分类问题,可以通过一对一或一对多的方式构建多个二分类的超平面。

(2)支持向量。支持向量指的是距离分割超平面最近的样本点。它们对于确定超平面起到重要作用,因为它们决定了超平面的位置和间隔大小。

(3)间隔最大化。支持向量机的目标是寻找一个分割超平面,使得两个类别的支持向量到超平面的距离(即间隔)最大化。最大化间隔有助于提高模型的鲁棒性和泛化能力。

(4)核函数。在实际应用中,样本可能存在线性不可分的情况。为了解决这个问题,支持向量机引入了核函数的概念,将样本从原始特征空间映射到高维特征空间,使得非线性可分的问题在高维空间中变为线性可分问题。

常用的核函数包括线性核、多项式核和高斯径向基核等。

（5）正则化参数。支持向量机还引入了一个正则化参数 C，用于控制模型的复杂度和容错能力。较小的 C 值会导致较大的间隔但容错能力较低，较大的 C 值会导致较小的间隔但容错能力较高。

（6）松弛变量。为了处理不可分的数据或异常值，SVR 引入了松弛变量，允许一些数据点位于间隔内或超平面的错误一侧。

SVR 的原理实际上是在线性函数两侧制造了一个"间隔带"，间距为 ε（也称为容忍偏差，是一个人工设定的经验值），对所有落入间隔带内的样本不计算损失，也就是只有支持向量才会对其函数模型产生影响，最后通过最小化总损失和最大化间隔来得出优化后的模型，即硬间隔 SVR，其优化目标的数学模型为

$$\min_{\boldsymbol{w},b} \frac{1}{2} \parallel \boldsymbol{W} \parallel^2 \tag{3.1}$$

其中位于边界内的点满足条件：

$$\mid y_i - (\boldsymbol{w}x_i + b) \mid \leqslant \varepsilon$$

不仅要最大化间隔，还要最小化总损失，以此确定参数 $\boldsymbol{w}$ 和 b，SVR 的代价函数可表示为

$$\sum_{i=1}^{m} l_\varepsilon(f(x_i), y_i) \tag{3.2}$$

从而 SVR 问题可形式化为

$$\min_{\boldsymbol{w},b} \frac{1}{2} \parallel \boldsymbol{w} \parallel^2 + c \sum_{i=1}^{m} l_\varepsilon(f(x_i), y_i) \tag{3.3}$$

即在间隔带上加入损失，允许间隔带外存在点，但损失应尽可能最小。

在现实任务中，往往很难直接确定合适的 ε，确保大部分数据都能在间隔带内，而 SVR 希望所有训练数据都在间隔带内，所以加入松弛变量 ξ，从而使函数的间隔要求变大，也就是允许一些样本可以不在间隔带内。软间隔 SVR 即为引入松弛变量后的限制条件，所有的样本数据都满足条件：

$$\mid y_i - (wx_i + b) \mid \leqslant \varepsilon + \xi, \quad \forall i$$

引入松弛变量 ξ_i 和 (ξ_i) 后，可将式（3.3）重写为

$$\min_{\boldsymbol{w},b,\xi_i,\hat{\xi}_i} \frac{1}{2} \parallel \boldsymbol{w} \parallel^2 + c \sum_{i=1}^{m} (\xi_i, \hat{\xi}_i)$$

限制条件为

$$f(x_i) - y_i \leqslant \varepsilon + \xi_i$$

$$y_i - f(x_i) \leqslant \varepsilon + \hat{\xi}_i$$

$$\xi_i \geqslant 0, \hat{\xi}_i \geqslant 0, \quad i = 1, 2, \cdots, m$$

SVR 的基本原理如图 3.5 所示。

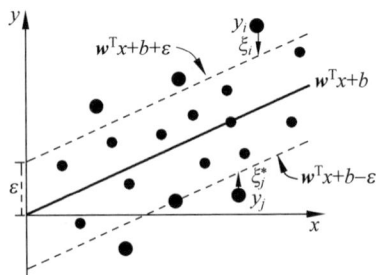

图 3.5　SVR 的基本原理图

其中 $f(x) = \boldsymbol{w}^{\mathrm{T}} x + b$ 为最终求得的函数模型，$\boldsymbol{w}^{\mathrm{T}} x + b + \varepsilon$ 与 $\boldsymbol{w}^{\mathrm{T}} x + b - \varepsilon$ 为间隔上下边缘，ξ_i 为间隔带上边缘样本点，ξ_j^* 为间隔带下边缘样本点，ξ_i 与 ξ_j^* 的计算方法如下：

$$\begin{cases} \xi_i = y_i - (f(x_i) + \varepsilon), & y_i > f(x_i) + \varepsilon \\ \xi_i = 0, & \text{其他} \end{cases}$$

$$\begin{cases} \xi_i^* = (f(x_i) - \varepsilon) - y_i, & y_i < f(x_i) + \varepsilon \\ \xi_i = 0, & \text{其他} \end{cases}$$

对于任意样本 x_i，如果它在间隔带内或边缘上，则 ξ_i 和 ξ_j^* 均为 0；如果它在间隔带上边缘上方，则 $\xi_i > 0, \xi_j^* = 0$；如果它在间隔带下边缘下方，则 $\xi_i = 0$，$\xi_j^* < 0$。

在参数推导中，引入拉格朗日乘子法，可将约束条件变为无约束条件的等式方程。设拉格朗日系数为

$$u_i \geqslant 0, \quad u_i^* \geqslant 0, \quad a_i \geqslant 0, \quad a_i^* \geqslant 0$$

构建的拉格朗日函数为

$$L(\boldsymbol{w}, b, \xi, \xi^*, \alpha, \alpha^*, \mu, \mu^*) = \frac{1}{2} \| \boldsymbol{w} \|^2 + c \sum_{i=1}^{m} (\xi_i + \xi_i^*) + f_1(x) + f_2(x)$$

其中

$$f_1(x) = \sum_{i=1}^{m} \alpha_i (f(x_i) - y_i - \varepsilon - \xi_i) +$$

$$\sum_{i=1}^{m} \alpha_i (f(x_i) - y_i - \varepsilon - \xi_i^*)$$

$$f_2(x) = \sum_{i=1}^{m} \mu_i (0 - \xi_i) + \sum_{i=1}^{m} \mu_i^* (0 - \xi_i^*)$$

SVR 的低维数据模型是以内积 $x_i^* x_j$ 的形式表示的：

$$f(x) = \sum_{i=1}^{m} (\hat{a}_i - a_i) \boldsymbol{x}_i^{\mathrm{T}} x + b$$

现定义一个低维到高维的映射 φ 来代替原来的内积形式：

$$f(x) = \boldsymbol{w}^{\mathrm{T}} \varphi(\boldsymbol{x}) + b = \sum_{i=1}^{m} a_i y_i \varphi(\boldsymbol{x}_i)^{\mathrm{T}} \varphi(\boldsymbol{x}_j) + b$$

式中，$\varphi(\boldsymbol{x}_i)^{\mathrm{T}} \varphi(\boldsymbol{x}_j)$ 表示映射到高维特征空间之后的内积。

但是由于映射到高维特征空间后特征维度有可能很高，甚至是无穷维，导致运算量爆炸式增长，因此引入核函数。核函数的定义为假设之前 φ 为低维到高维的映射，那么如果存在函数 $\kappa(x,z)$ 都满足以下条件，那么 $\kappa(x,z)$ 就称为核函数：

$$\kappa(\boldsymbol{x}_i, \boldsymbol{x}_j) = \langle \varphi(\boldsymbol{x}_i), \varphi(\boldsymbol{x}_j) \rangle = \varphi(\boldsymbol{x}_i)^{\mathrm{T}}(\boldsymbol{x}_j)$$

主要核函数的分类如下：

（1）线性核。

$$\kappa(\boldsymbol{x}_i, \boldsymbol{x}_j) = \boldsymbol{x}_i^{\mathrm{T}} \boldsymbol{x}_j$$

（2）多项式核。

$$\kappa(\boldsymbol{x}_i, \boldsymbol{x}_j) = (\boldsymbol{x}_i^{\mathrm{T}} \boldsymbol{x}_j)^d$$

式中，$d \geqslant 1$ 为多项式的次数。

（3）高斯核。

$$\kappa(\boldsymbol{x}_i, \boldsymbol{x}_j) = \exp\left(-\frac{\|\boldsymbol{x}_i - \boldsymbol{x}_j\|^2}{2\sigma^2}\right)$$

式中，$\sigma > 0$ 为高斯核的带宽。

（4）拉普拉斯核。

$$\kappa(\boldsymbol{x}_i, \boldsymbol{x}_j) = \exp\left(-\frac{\|\boldsymbol{x}_i - \boldsymbol{x}_j\|}{\sigma}\right)$$

式中，$\sigma > 0$。

（5）Sigmoid 核。

$$\kappa(\boldsymbol{x}_i,\boldsymbol{x}_j)=\tanh(\beta\boldsymbol{x}_i^{\mathrm{T}}\boldsymbol{x}_j+\theta)$$

式中，$\alpha>0,\beta>0$，$\tanh$ 为双曲正切函数。

核函数是对向量内积空间的一个扩展，使得非线性回归的问题，在经过核函数的转换后可以变成一个近似线性回归的问题。SVR 引入核函数之后可重写为

$$f(x)=\boldsymbol{w}^{\mathrm{T}}\varphi(\boldsymbol{x})+b=\sum_{i=1}^{m}a_iy_i\varphi(\boldsymbol{x}_i)^{\mathrm{T}}\varphi(\boldsymbol{x})+b$$

$$=\sum_{i=1}^{m}a_iy_i\kappa(x,x_i)+b \tag{3.4}$$

由式（3.4）可得知核函数的特点如下。

（1）无须知晓非线性变换函数 φ 的形式和参数。

（2）避免了维数灾难，大大减少了计算量。

（3）核函数通过其形式和参数的配置，隐式地改变了从输入空间到特征空间的映射，从而对特征空间的性质产生影响，最终通过对比来选择合适的核函数。

总的来说，SVR 是一种强大的回归方法，特别适用于处理非线性关系的数据。通过调整核函数和超参数，可以根据不同的数据集和问题获得良好的预测性能。SVR 的关键思想是最大化间隔，从而提高模型的鲁棒性和泛化能力。

3.4.3　神经网络

为了探索和模拟人的感觉、思维和行为的规律，用物化后的智能来考察和研究人脑智能的物质过程及其规律，从而设计出尽可能与人脑具有相似功能的计算机，人们提出人工神经网络这一概念。

在生物神经网络中，每个神经元与其他神经元相连，向相连的神经元发送化学物质，从而改变其他神经元内的电位，当某神经元的电位超过了一定的阈值，它就会被激活，再向其他神经元发送化学物质。1943 年，美国心理学家 W. S. McCulloch 和数学家 W. Pittes 提出了用于模仿生物学的神经元，即 M-P 模型。把许多这样的神经元按一定的层次结构连接起来，就得到了神经网络。

M-P 模型结构的数学表达式如下：

$$O_j = f(\sum_{i=1}^{n} \omega_i x_i + b)$$

式中,$x_1, x_2, \cdots, x_{n-1}, x_n$ 为各个输入的分量,$\omega_1, \omega_2, \cdots, \omega_{n-1}, \omega_n$ 为各个分量对应的权重,b 为偏置,f 为激活函数,O_j 为神经元的输出。

神经元的作用就是计算输入向量和权重向量的内积,经过一个非线性传递函数得到一个标量。

神经网络(Artificial Neutral Network,ANN)是由大量处理单元互联组成的非线性大规模并行处理系统,如图 3.6 所示。通常包括输入层、隐藏层和输出层三层网络结构。这种网络依靠系统的复杂程度,通过调整内部大量节点之间相互连接的关系,从而达到处理信息的目的。每个节点代表一种特定的输出函数,称为激励函数。每两个节点间的连接都代表一个权重,这个权重表示通过该连接的信号的加权值。

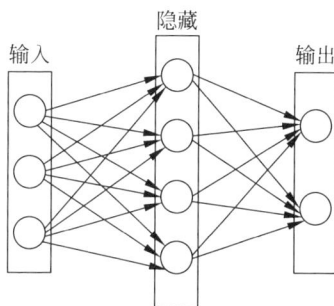

图 3.6　三层神经网络拓扑结构

神经网络建模流程如下所示:

(1) 构建合适的人工神经网络,包括含多个神经元模型的输入层、隐藏层和输出层网络结构。

(2) 数据输入由隐藏层传播。具体步骤为将输入的信号通过隐藏层调整连接的权重再进行传递,通过与阈值相减,最终通过激活函数处理继续向下传播。设输入信号为 x_i,对应权重为 ω_i,阈值为 θ,激活函数为 f,输出为 y,则 y 可用如下输出公式表示:

$$y = f(\sum_i \omega_i x_i - \theta)$$

(3) 数据传递到最后会产生预测结果,将其与训练集真实值进行对比,得出计算误差,判断误差是否满足要求。若不满足,则使用误差反向传播 BP(Back Propogation)算法反向更新参数,以求减少误差,更新完成后再次进行训练,直到误差满足条件,停止循环,完成人工神经网络模型的构建。

神经网络建模流程中涉及的误差反向传播 BP 算法描述如下。

(1) 我们采用 Sigmoid 函数,即 $f(x) = \dfrac{1}{1+e^{-x}}$ 作为激活函数 f,对于输出层单元 j,误差 E_{rr_j} 可用下式计算:

$$E_{rr_j} = O_j(1 - O_j)(T_j - O_j)$$

式中，O_j 是单元 j 的实际输出，T_j 是单元 j 的真实值。

对于隐藏层单元的误差，可用下式计算：

$$E_{rr_j} = O_j(1 - O_j)\sum_k E_{rr_k} w_{jk}$$

式中，w_{jk} 是单元 j 到其下一层单元 k 的连接权重，E_{rr_k} 是单元 k 的误差。

（2）对于权值 ω_{ij} 和阈值 θ_j 的更新可用下式计算：

$$\omega_{ij} = \omega_{ij} + \Delta\omega_{ij} = \omega_{ij} + lE_{rr_j}O_i$$

$$\theta_j = \theta_j + \Delta\theta_j = \theta_j + lE_{rr_j}$$

式中，O_i 是上一层单元 i 的输出，l 是学习率，通常取值在 0～1。

相比于传统的线性模型，人工神经网络模型能够更好地处理轴承数据的复杂性和多变性。但人工神经网络模型在应用过程中也面临着许多的挑战和限制。对于大规模和复杂的数据集，模型训练和计算量可能较大。网络结构的选择以及数据质量和特征提取的准确性也会对预测结果产生影响。因此，需要不断改进和优化算法，提高模型的准确性和稳定性。

3.4.4　卷积神经网络

卷积神经网络（Convolutional Neural Networks，CNN）是一种深度学习模型。由 Yann LeCun 等于 1989 年提出，通过卷积神经网络解决了在MNIST 数据集上手写数字的问题。卷积神经网络的设计灵感来自生物学中的视觉系统，特别是人类和动物的视觉处理方式。人脑通过分层次、分区域地处理视觉信息，首先检测边缘、纹理等低级特征，然后逐渐构建出物体和场景的高级表示。卷积神经网络的层次化特征提取方式也借鉴了这种生物学上的机制。卷积神经网络的结构类似于人工神经网络的多层感知器并广泛用于计算机视觉任务，它在处理图像和其他类似数据的结构化信息时具有出色的性能，如图像分类、物体检测、图像生成等。

卷积神经网络是一种带有卷积结构的多层的监督学习神经网络，其核心操作是卷积操作。卷积操作使用小的滤波器（卷积核）在输入图像上滑动，通过计算滤波器与输入的点积来提取特征。这个过程使得网络能够自动捕捉到图像的局部特征，无须手动设计特征提取器。重要的是，卷积神经网络中的卷积核是共享的，意味着相同的滤波器会被应用于输入的不同区域，这极大地减少了模型的参数数量，提高了模型的效率和泛化能力。其模型结构如图 3.7 所示,由输入层(Input Layer)、卷积层(Convolutional Layer)、池化层(Pooling Layer)、全连接层(Fully Connected Layers)和输出层(Output Layer)组成。隐藏层的卷积层和池化层是实现卷积神经网络特征提取功能的核心模块,通过增加它们,还可以得到更深层次的网络结构。总体而言卷积神经网络可以通过频繁的迭代训练提高网络的精度。

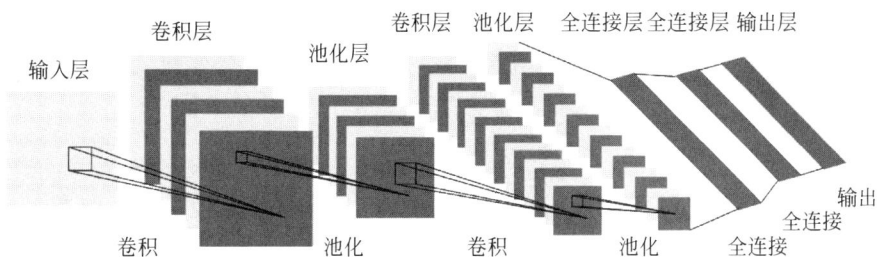

图 3.7　卷积神经网络结构

(1)输入层。卷积神经网络主要处理的是图像相关的内容,所以输入层的主要工作是输入图像等信息。对于输入的图像,首先要将其转换为对应的二维矩阵,这个二维矩阵就是由图像每个像素的像素值大小组成的,计算机读取后是以像素值大小组成的二维矩阵存储的图像。

(2)卷积层。卷积层由多个特征面(Feature Map)组成,每个特征面由多个神经元组成,它的神经元被组织到各个特征面中,每个神经元通过一组权值被连接到上一层特征面的局部区域,即卷积层中的神经元与其输入层中的特征面进行局部连接,然后将该局部加权和传递给一个非线性函数即可获得卷积层中每个神经元的输出值。一般情况下,输入的图片矩阵以及后面的卷积核、特征图矩阵都是方阵,这里设输入矩阵大小为 w,卷积核大小为 k,步幅为 s,补零层数为 p,则卷积后产生的特征图大小计算公式为

$$w' = \frac{(w + 2p - k)}{s} + 1$$

(3)池化层。池化层紧跟在卷积层之后,同样由多个特征面组成,它的每个特征面唯一对应于其上一层的一个特征面,不会改变特征面的个数。卷积层的一个特征面与池化层中的一个特征面唯一对应,且池化层的神经元也与其输入层的局部接受域相连,不同神经元局部接受域不重叠。池化层旨在通过降低特征面的分辨率来获得具有空间不变性的特征,池化层起到二次提取特征的作用,它的每个神经元对局部接受域进行池化操作。

（4）全连接层。采用 softmax 全连接，将得到的足够多的图片特征进行分类，从而将最后的输出映射到线性可分的空间。通常卷积网络最后会将得到的特征展成一个向量，并送入全连接层配合输出层进行分类。

（5）输出层。将全连接层得到的一维向量经过计算后得到识别值的一个概率，此计算可能是线性的，也可能是非线性的。在深度学习中，识别的结果一般是多分类的，每个位置都会有一个概率值，代表识别的当前值概率，最大的概率值为最终的识别结果。对于最后一层全连接层，设为第 L 层，输出是向量形式的 $\boldsymbol{y}^L$，期望输出是 $\boldsymbol{d}$，则有总误差公式：

$$E = \frac{1}{2} \parallel \boldsymbol{d} - \boldsymbol{y}^L \parallel_2^2$$

式中，$\boldsymbol{d}$ 和 $\boldsymbol{y}$ 分别是期望输出和网络输出的向量，$\parallel \boldsymbol{d} - \boldsymbol{y}^L \parallel_2$ 表示 $\boldsymbol{d} - \boldsymbol{y}^L$ 向量的 2-范数，计算表达式为

$$\parallel \boldsymbol{d} - \boldsymbol{y}^L \parallel_2 = \left(\sum (\boldsymbol{d} - \boldsymbol{y}^L)^2 \right)^{\frac{1}{2}}$$

在训练的过程中，可以通过不断地调整参数值来使识别结果更准确，从而达到最高的模型准确率。

卷积神经网络建模流程如下。

（1）数据样本输入卷积层，用可训练的滤波器卷积输入图像，通过卷积运算提取出图像特征。

（2）将得到的特征图放入池化层，对特征图像进行池化操作，减少数据量同时保留重要信息。

（3）通过全连接层对数据特征进行合并，计算误差是否满足条件。满足则输出，不满足则使用反向传播算法对网络参数进行更新。

（4）反向传播算法更新完成后重新进行第一步，不断循环直至满足要求。

卷积神经网络是一种强大的深度学习架构，具有层次化特征提取、权重共享、池化等关键特性，这使其成为处理结构化信息（尤其是图像数据）的理想工具。通过自动学习和逐渐提取抽象特征，CNN 能够在各种视觉任务中取得卓越的成绩。

3.4.5　深度信念网络

深度信念网络（Deep Belief Network，DBN）是一种深度学习神经网络模型，由 Geoffrey Hinton 于 2006 年首次提出，它由多个受限玻尔兹曼机

(Restricted Boltzmann Machines,RBM)堆叠而成,通常包括输入层、隐藏层和输出层。深度信念网络在无监督学习和特征学习领域取得了重要的突破,尤其在数据降维、生成模型和预训练深度神经网络方面表现出色。

其中,受限波尔兹曼机是一种可用随机神经网络(Stochastic Neural Network)来解释的概率图模型(Probabilistic Graphical Model)。它由Smolensky 于 1986 年在波尔兹曼机(Boltzmann Machine,BM)的基础上提出。RBM 是深度信念网络的基本构建模块。它是一个双层神经网络,包括可见层(Visible Layer)和隐藏层(Hidden Layer),神经元之间的连接具有如下特点:层内无连接,层间全连接,显然 RBM 对应的图是一个二分图。RBM 的学习过程使用了基于能量的概率模型,其中节点状态由概率分布来表示。一般来说,可见层单元用来描述观察数据的一方面或一个特征,而隐藏层单元的意义一般来说并不明确,可以看作特征提取层。RBM 和 BM 的不同之处在于,BM 允许层内神经元之间有连接,而 RBM 则要求层内神经元之间没有连接,因此 RBM 的性质可以概括如下:当给定可见层神经元的状态时,各隐藏层神经元的激活条件独立;反之,当给定隐藏层神经元的状态时,可见层神经元的激活条件也独立。RBM 的网络结构示意图如下所示:

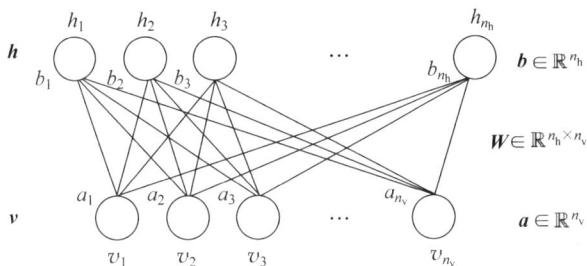

图 3.8　RBM 的网络结构示意图

其中:n_v 和 n_h 分别表示可见层和隐藏层中包含神经元的数目,下标 v,h 代表 visible 和 hidden,$\boldsymbol{v} = (v_1, v_2, v_3, \cdots, v_{n_v})^{\mathrm{T}}$ 表示可见层的状态向量,$\boldsymbol{h} = (h_1, h_2, h_3, \cdots, h_{n_h})^{\mathrm{T}}$ 表示隐藏层的状态向量,$\boldsymbol{a} = (a_1, a_2, a_3, \cdots, a_{n_v})^{\mathrm{T}}$ 表示可见层的偏置向量,$\boldsymbol{a} = (b_1, b_2, b_3, \cdots, b_{n_h})^{\mathrm{T}}$ 表示隐藏层的偏置向量;$\boldsymbol{W} = (w_{i,j}) \in R^{n_h \times n_v}$ 表示隐藏层和可见层之间的权值矩阵,$w_{i,j}$ 表示隐藏层中第 i 个神经元与可见层中第 j 个神经元之间的连接权重。记 $\boldsymbol{\theta} = (\boldsymbol{W}, \boldsymbol{a}, \boldsymbol{b})$ 表示 RBM 中的参数,可将其视为把 $\boldsymbol{W}, \boldsymbol{a}, \boldsymbol{b}$ 中的所有分量拼接起

来得到的长向量。

　　RBM 模型是基于能量的模型,需要为其定义一个能量函数,并利用能量函数引入一系列相关的概率分布函数。对于一组给定的状态(v,h),可定义能量函数:

$$E_{\boldsymbol{\theta}}(\boldsymbol{v},\boldsymbol{h})=-\sum_{i=1}^{n_{\mathrm{v}}}a_iv_i-\sum_{j=1}^{n_{\mathrm{h}}}b_jh_j-\sum_{i=1}^{n_{\mathrm{v}}}h_jw_jv_j$$

　　其矩阵向量形式为

$$E_{\boldsymbol{\theta}}(\boldsymbol{v},\boldsymbol{h})=-\boldsymbol{a}^{\mathrm{T}}\boldsymbol{v}-\boldsymbol{b}^{\mathrm{T}}\boldsymbol{h}-\boldsymbol{h}^{\mathrm{T}}\boldsymbol{W}\boldsymbol{v}$$

　　利用能量函数给出状态(v,h)的联合概率分布:

$$P_{\boldsymbol{\theta}}(\boldsymbol{v},\boldsymbol{h})=\frac{1}{Z_{\boldsymbol{\theta}}}\mathrm{e}^{-\sum_{\boldsymbol{\theta}}(\boldsymbol{v},\boldsymbol{h})}$$

其中,$Z_{\boldsymbol{\theta}}$ 称作归一化因子,也称作配分函数(Partition Function),其表达式为

$$Z_{\boldsymbol{\theta}}=\sum_{\boldsymbol{v},\boldsymbol{h}}\mathrm{e}^{-E_{\boldsymbol{\theta}}(\boldsymbol{v},\boldsymbol{h})}$$

　　对于实际问题,我们最关心的是观测数据$\boldsymbol{v}$ 的概率分布 $P_{\boldsymbol{\theta}}(\boldsymbol{v})$,对应于 $P_{\boldsymbol{\theta}}(\boldsymbol{v},\boldsymbol{h})$的边缘分布,也称作似然函数(Likelihood Function):

$$P_{\boldsymbol{\theta}}(\boldsymbol{v})=\sum_{\boldsymbol{h}}P_{\boldsymbol{\theta}}(\boldsymbol{v},\boldsymbol{h})=\frac{1}{Z_{\boldsymbol{\theta}}}\sum_{\boldsymbol{h}}\mathrm{e}^{-E_{\boldsymbol{\theta}}(\boldsymbol{v},\boldsymbol{h})}$$

　　类似地,我们同样可以得到

$$P_{\boldsymbol{\theta}}(\boldsymbol{h})=\sum_{\boldsymbol{v}}P_{\boldsymbol{\theta}}(\boldsymbol{v},\boldsymbol{h})=\frac{1}{Z_{\boldsymbol{\theta}}}\sum_{\boldsymbol{v}}\mathrm{e}^{-E_{\boldsymbol{\theta}}(\boldsymbol{v},\boldsymbol{h})}$$

　　对于 $Z_{\boldsymbol{\theta}}$ 的计算包含 $2^{n_v+n_{\mathrm{h}}}$ 项,其计算复杂度非常高,无法直接计算,需要一些数学推导来简化计算量。

　　对于 RBM 对数似然函数的运算,可以给定训练样本,RBM 的训练意味着调整参数$\boldsymbol{\theta}$,从而拟合给定的训练样本,使得参数条件下对应 RBM 表示的概率分布尽可能符合训练数据。

　　假定训练样本集合为 $S=\{v_1,v_2,v_3,\cdots,v^{n_s}\}$,其中 n_s 为训练样本的数目,$\boldsymbol{v}^i=(v_1^i,v_2^i,v_3^i,\cdots,v_{n_v}^i)^{\mathrm{T}},i=1,2,3,\cdots,n_s$ 是独立同分布的,则训练 RBM 的目标就是最大化似然为

$$L_{\boldsymbol{\theta},s}=\prod_{i=1}^{n_s}P(\boldsymbol{v}^i)$$

　　一般通过对数转化为连加的形式,其等价形式为

$$\ln L_{\boldsymbol{\theta},s} = \ln \prod_{i=1}^{n_s} P(\boldsymbol{v}^i) = \sum_{i=1}^{n_s} \ln P(\boldsymbol{v}^i)$$

最大化 L_s 常用的数值方法是梯度上升法(Gradient Ascent),通过迭代的方法进行逼近,迭代形式如下:

$$\boldsymbol{\theta} := \boldsymbol{\theta} + \eta \frac{\partial \ln L_s}{\partial \boldsymbol{\theta}}$$

式中,$\eta > 0$ 表示学习速率。其关键就是计算梯度 $\dfrac{\partial \ln L_s}{\partial \boldsymbol{\theta}}$。一般采用 MCMC 采样来估计,但由于常规的 MCMC 需要经过许多步的状态转移才能保证采集到的样本符合目标分布。若我们以训练样本作为起点,就可以仅需要很少次的状态转移抵达 RBM 的分布。Hinton 教授 2002 年基于上述想法发明了对比散度(Contrastive Divergence,CD)算法,目前已经成为训练 RBM 的标准算法。

深度信念网络的一个重要应用是特征学习。通过逐层的特征学习,将预训练与参数微调结合来学习数据的高级表示,这些表示在许多机器学习任务中都非常重要。训练包含无监督训练与有监督参数微调两部分。无监督预训练主要是通过由低到高逐层训练对网络权值参数初始化;有监督参数微调主要是通过由高到低逐层对网络权值参数进行微调,采用梯度下降算法从高到低对网络权值参数进行调整。

此外,深度信念网络也可以用于降维,将高维数据映射到低维空间,以减少数据的复杂性。深度信念网络可以用作生成模型,能够生成与训练数据类似的新样本。这是通过从顶层的 RBM 中采样开始,然后逐层反向生成数据实现的。深度信念网络作为具有多层体系结构的模型,既可以用于监督学习,作为分类器使用,又常用于无监督学习,类似于一个自编码机,用于轴承 RUL 预测等领域。

深度信念网络模型结构如图 3.9 所示,其由多层的受限玻尔兹曼机(Restricted Boltzmann Machine,RBM)堆叠而成。标准的 RBM 由输入层和隐藏层组成,同层节点之间无连接,不同层节点之间全连接,输入层单元用来描述观察数据的一方面或一个特征,而隐藏层用来表示特征提取。

深度信念网络建模流程如下。

(1) DBN 预训练。

DBN 的预训练过程是逐层进行的,首先数据样本通过输入层,对第一层的 RBM 进行训练,然后将其输出作为下一层的输入,以此类推,分别单独无

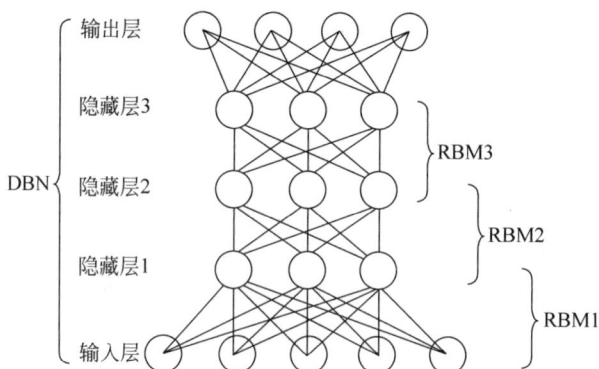

图 3.9   深度信念网络模型结构

监督地训练每一层 RBM 网络,直到构建了深层次的表示。

RBM 网络是一种基于能量的模型,可以把网络的状态定义为能量,当能量达到最小时,网络状态最佳,RBM 网络训练过程就是使能量函数最小化的过程,可使用 Hinton 提出的对比散度算法更新训练 RBM 参数。逐层的无监督预训练有助于初始化网络参数,确保特征向量映射到不同特征空间时,并且使得 DBN 能够学习数据的层次化特征,尽可能多地保留特征信息。

(2) DBN 微调。

预训练完成后,DBN 通常会进行有监督微调,以使网络适应特定的任务。在 DBN 的最后一层设置 BP 网络,可以有监督地训练并得到最后分类结果,通过计算误差评定,若不满足条件则采用反向传播网络将误差信息自顶向下传播至每一层 RBM,微调整个 DBN 网络。

(3) 不断重复训练,直至误差满足要求,输出结果。

DBN 在自然语言处理、图像处理、推荐系统等领域中广泛应用。它们也常被用于初始化深度神经网络,如卷积神经网络和循环神经网络。

3.4.6   循环神经网络

循环神经网络(Recurrent Neural Network,RNN)是一类用于处理序列数据的递归神经网络架构,最早是由 Hopfield 提出的 Hopfield 网络模型,其拥有很强的计算能力并且具有联想记忆功能。与传统神经网络不同,RNN 具有内部循环结构,允许信息在网络内传递并保持记忆,并且可以对序列数据进行建模,这使得 RNN 在处理序列数据时能够考虑到上下文信息。因此,RNN 在自然语言处理领域广泛应用,包括语言建模、情感分析、机器翻译等,它也用于时间序列分析、股票价格预测、语音识别、图像描述生成等各种任务。

RNN 主要用于处理时序数据,其最大的特点就是神经元在某时刻的输出可以作为输入再次输入神经元,这种串联的网络结构非常适合于时间序列数据,可以保持数据中的依赖关系。RNN 是深度学习领域中一类特殊的内部存在自连接的神经网络,可以学习复杂的矢量到矢量的映射。因为RNN 可以和卷积神经网络一样实现多层的网络结构,所以在其理论上,循环神经网络处理多长的时序数据都可以。但是 RNN 的主要限制之一就是处理长期依赖性的困难。在训练较长序列时,RNN 需要在每个时间步进行前向传播和反向传播,梯度可能变得非常小的同时计算成本也会很高,导致难以学习到远距离的依赖关系,产生梯度消失问题,因此 RNN 并不适用于并行化处理。对于某些任务,特别是在处理非常长的序列时,LSTM 和GRU 等改进型 RNN 可能更有优势。所以在应用到实际轴承寿命预测的实践中,为了减少复杂性,通常假定当前状态只与以前的状态有关。循环神经网络的结构图如图 3.10 所示。

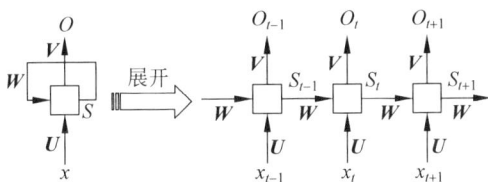

图 3.10　循环神经网络的结构图

由图 3.10 可知,循环神经网络隐藏层神经元之间是有信息传递的,并且神经元之间是共享权重参数的,这样减少了模型训练时要学习的参数数量。循环神经网络是基于过往的经验和记忆的,图中的 t 代表的是时刻,也就是说当前时刻的输出与前一个时刻甚至是前几个时刻的输出都有关联,这就体现出了 RNN 的记忆功能。循环神经网络的计算方法如下:

$$S_t = f(U_{x_t} + WS_{t-1} + b_s)$$

$$O_t = g(VS_t + b_o)$$

式中,S_t 代表的是隐藏层的计算公式,O_t 代表的是输出层的计算公式,f 和 g 代表的是激活函数,$\boldsymbol{U}$、$\boldsymbol{V}$ 以及 $\boldsymbol{W}$ 代表的是权重矩阵,b_s 和 b_o 代表的是偏置。

循环神经网络建模流程如下。

（1）输入数据样本进入循环单元，经循环单元计算后输出。

（2）计算输出数据的误差，若误差不满足结束条件，使用时间反向传播算法更新循环单元参数，BPTT 算法的本质是沿时间传播的反向传播算法，其步骤与反向传播算法基本相同，前向计算每个神经元的输出值，反向计算每个神经元的误差值，通过计算每个权重梯度，用随机梯度下降算法更新权重。

（3）通过不断重复训练，循环进行神经网络学习，若直至满足条件结束。

循环神经网络是一种强大的神经网络架构，适用于处理序列数据和考虑上下文信息。尽管它存在一些限制，但它为许多自然语言处理和时间序列任务提供了有效的解决方案，并通过改进型 RNN 变体提高了处理长期依赖性的能力。

基于卷积神经网络与支持
向量回归的轴承寿命预测

卷积神经网络的本质是一个多层感知器,和全连接神经网络相比,其采用局部连接和权值共享的连接方式,大量减少了需要训练的权值数量,使模型的复杂度降低,可以有效缩短训练时间。本章主要提出一种基于卷积神经网络的轴承寿命预测方法,具体包括:基于卷积神经网络轴承寿命预测的网络结构、寿命预测建模机理与建模策略;基于卷积神经网络轴承寿命预测模型构建流程与构建算法;结合美国辛辛那提数据集,完成基于卷积神经网络轴承寿命预测模型构建实验与模型验证实验。

4.1 基于卷积神经网络的轴承寿命预测原理

4.1.1 卷积神经网络基本结构

卷积神经网络的研究始于 20 世纪 80 至 90 年代,时间延迟网络和 LeNet-5 是最早出现的卷积神经网络,Yann Lecun 等设计并训练了 CNN (该模型称为 LeNet-5),并将其用于手写数字识别,后续许多工作基于此进行改进,在一些模式识别领域取得了不错的效果,本章就其在轴承寿命预测领域的应用与发展展开详解。

基于卷积神经网络的轴承寿命预测网络结构如图 4.1 所示,它是一种多层次网络结构,传统卷积神经网络由输入层、卷积层、池化层、全连接层及输出层组成,卷积层和池化层用于提取隐藏层特征,全连接层用于特征融合和完成预测。其中,卷积层和池化层一般会取若干交替设置,重复组合形成更深层的网络结构,目的是获得更好的轴承振动信号特征,优化预测结果。值得注意的是,卷积层中输出特征面的每个神经元与其输入进行局部连接,并通过对应的连接权值与局部输入进行加权求和再加上偏置值,得到该神经元的输入值,大大减少了参数数量,此外,卷积操作会产生多个通道,每个通道共享一个卷积核,也就是权值共享,更进一步地减少了参数数量。

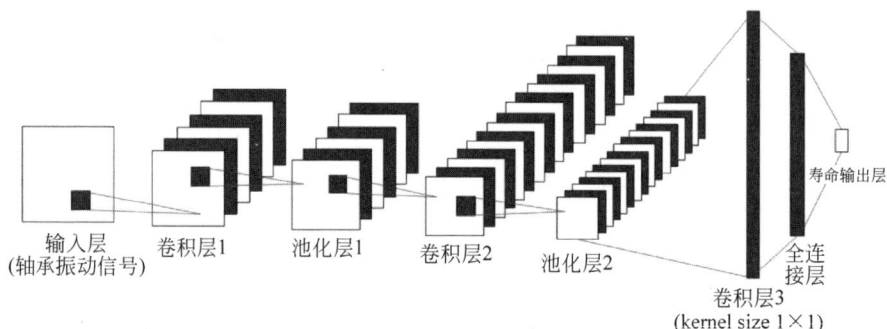

图 4.1　基于卷积神经网络的轴承寿命预测网络结构

（1）输入层。

数据输入层作为卷积神经网络的第一层,用来接收轴承振动信号训练和测试的样本。为了保证模型预测能够正常进行,输入层往往要对输入样本的大小、格式等做校验。常见操作有数据清理、数据集成、数据规约和数据变换。

（2）卷积层。

卷积层是卷积神经网络的核心,它的作用是对输入的数据进行卷积运算,以增强原始信号中的有效信息并抑制噪声的影响,达到提取特征的目的。卷积层通常由多个特征面组成,每个特征面由多个神经元组成,它的每个神经元通过卷积核与上一层特征面的局部区域相连。某些卷积核具有特殊的作用,比如用卷积实现平滑均值滤波、高斯平滑、边缘检测等。

（3）池化层。

池化层的作用是在数据本身平移不变的情况下降低数据量,本质上是一种降采样操作。池化层跟在卷积层之后,同样由多个特征面组成,它的每个特征面唯一对应其上一层的一个特征面,不会改变特征面个数。池化层进行降采样操作,目的是减少卷积神经网络中的参数数量。理论上讲,可以把所有解析出来的特征直接放入一个分类器,但是当其层数很多、参数量非常大时,则极易出现过拟合现象。而池化层则可以对输入的特征图进行压缩,使特征图变小,简化网络计算复杂度,便于提取主要特征。

(4) 全连接层。

经多个卷积层和池化层后,还有 1 个或 1 个以上的全连接层。全连接层中的每个神经元与其前一层的所有神经元进行全连接。全连接层可以整合卷积层或者池化层中具有类别区分性的局部信息。全连接层将之前提取出的特征进行分类,将最后一个池化层的输出铺展成一维的特征向量,作为全连接层的输入,再将输入与输出之间进行全连接,即将输入层的每个神经元连接到输出层的每个神经元。

(5) 输出层。

轴承寿命预测结果输出层主要实现回归功能。隐含层经过训练后,最终通过输出层给出寿命预测结果。因此输出层包含激活函数,作用就是对训练特征进行概率计算,并在训练的时候将预测目标的误差反馈给卷积神经网络来调整权重。

4.1.2　卷积神经网络轴承寿命预测建模框架

基于卷积神经网络轴承寿命预测建模过程可分为两部分:其一是利用前向传播为样本计算预测值;其二是利用误差反向传播通过预测值与真实值之间的差异,使用优化算法更新权值。误差反向传播是卷积神经网络权值优化的关键步骤,通过链式法则,从后往前逐层计算目标函数关于权值的导数值。

(1) 卷积神经网络前向训练过程。

① 卷积层。

卷积层通过卷积核将输入信号的局部区域进行卷积运算,并产生相应的局部特征。其运算如式(4.1)所示。

$$x_{c,i,j}^{l+1} = \sum_{f,m,n} y_{f,(i-1)+m,(j-1)d+n}^{l} \omega_{c,f,m,n}^{l+1} + b_c^{l+1} \tag{4.1}$$

式中,x 为该神经元的输入,y 为该神经元的输出,f 代表特征向量个数,i、j 表示特征向量在第 i 行、第 j 列,ω 表示权重,c 表示下一层神经元特征向量个数,m、n 表示卷积核第 (m,n) 个的值,b 表示偏置。

前向传播经过卷积操作后,需要通过激活函数对卷积输出的值进行非线性变换。在 CNN 中,目前较常用的激活函数有 Sigmoid 函数、Tanh(双曲正切)函数、ReLU 函数等,其公式如下所示,三种激活函数的曲线图如图 4.2 所示。

$$\text{Sigmoid:} (x_{c,i,j}^{l+1}) = \frac{1}{1 + e^{-x_{c,i,j}^{l+1}}} \tag{4.2}$$

$$\text{Tanh:} (x_{c,i,j}^{l+1}) = \frac{e^{x_{c,i,j}^{l+1}} - e^{-x_{c,i,j}^{l+1}}}{e^{x_{c,i,j}^{l+1}} + e^{-x_{c,i,j}^{l+1}}} \tag{4.3}$$

$$\text{ReLU:} f(y^{l(i,j)}) = \max\{0, x_{c,i,j}^{l+1}\} \tag{4.4}$$

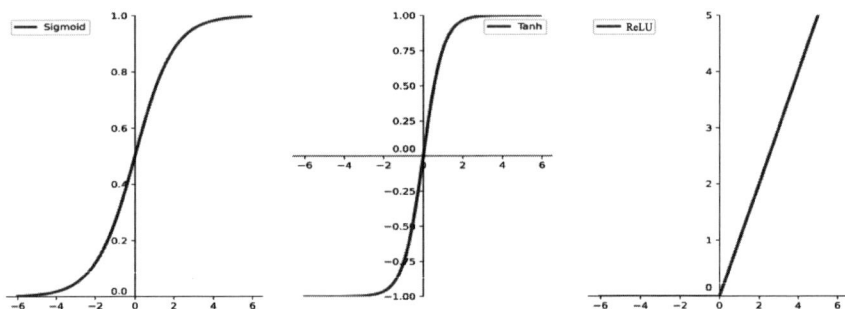

图 4.2　三种激活函数的曲线图

② 池化层。

池化层通过降采样操作减少网络参数,常见的池化方法:最大池化、平均池化和求和池化。使用最大池化方法,通过选择感受野中最大的特征值进行输出,其公式如式(4.5)所示。

$$yp_{c,i,j}^l = \max_{m,n}\{y_{c,(i-1)d+m,(j-1)d+n}^l\} \tag{4.5}$$

如果为平均池化,则有式(4.6):

$$yp_{c,i,j}^l = \underset{m,n}{\text{avg}}\{y_{c,(i-1)d+m,(j-1)d+n}^l\} \tag{4.6}$$

可以用一个总方程式表示:

$$yp_c^l = \text{pooling}(a_c^l) \tag{4.7}$$

③ 全连接层。

全连接层的作用是把提取的特征展开为一维的特征向量,并把得到的一维向量作为全连接层的输入,从而实现端到端的学习过程。全连接层正向传播公式如下:

$$x_f^{l+1} = \sum_{c,i,j} yp_{c,i,j}^l \omega_{f,c,i,j}^{l+1} + b_c^{l+1} \tag{4.8}$$

（2）卷积神经网络反向训练过程。

神经网络参数更新规则都是用的梯度下降方法，下面我们也用这种方法，通过链式法则求出任意参数的梯度，反向传播总公式如下：

$$\theta_{r+1} = \theta_r - \eta \frac{\partial(\mathrm{Loss})}{\partial \theta_r} \tag{4.9}$$

下面利用这个公式和链式法则反向传播，实现参数更新计算，为了便于中间的计算和理解，定义一个中间项，误差 δ，通过链式法则可以得到全连接层误差公式：

$$\delta_i^l \equiv \frac{\partial C}{\partial x_i^L} = \frac{\partial C}{\partial y_i^L} \sigma'(x_i^L) \tag{4.10}$$

全链接层向池化层反向传递公式为式（4.11）：

$$\frac{\partial C}{\partial y p_{c,i,j}^l} = \sum_f \frac{\partial C}{\partial x_f^{l+1}} \frac{\partial x_f^{l+1}}{\partial y p_{c,i,j}^l} = \sum_f \frac{\partial x_f^{l+1}}{\partial y p_{c,i,j}^l} \delta_f^L \tag{4.11}$$

通过前面池化层到全连接层的前向传递公式可以得到式（4.12）：

$$\frac{\partial C}{\partial y p_c^l} = \sum_f \omega_{f,c}^{l+1} \delta_f^L \tag{4.12}$$

在反向传播时，首先需要将池化层梯度的所有子矩阵大小还原成池化前的大小。如果运用最大池化法，则将池化层梯度所有子矩阵的全部池化区域值放置在原先做前向传播算法所得的最大值位置。如果运用平均池化法，则将池化层梯度全部子矩阵的池化区域值取平均后放置在还原后的子矩阵位置。若池化层采用平均池化法，得到由池化层到卷积层的公式如下：

$$\delta_{c,i,j}^l \equiv \frac{\partial C}{\partial x_{c,i,j}^l} = \mathrm{upsample}\left(\frac{\partial C}{\partial y p_{c,i,j}^l}\right) \sigma'(x_{c,i,j}^l) \tag{4.13}$$

卷积层之间的误差传递，首先通过链式求导规则可以得到式（4.14）：

$$\frac{\partial C}{\partial x^l} = \frac{\partial C}{\partial x^{l+1}} \frac{\partial x^{l+1}}{\partial y^l} \frac{\partial y^l}{\partial x^l} = \delta^{l+1} \frac{\partial x^{l+1}}{\partial y^l} \sigma'(z^l) \tag{4.14}$$

对于卷积层之间的运算规则，首先需要对上一层 x 的误差矩阵外圈进行零填充操作，扩展尺寸为卷积核的大小 $n-1$，然后卷积核旋转 $180°$，最后是与卷积层前向传播一样的卷积操作，所以最终反向传播公式可以写成式（4.15）：

$$\frac{\partial C}{\partial \omega_{c,f,m,n}^{l+1}} = \sum_{i,j} a_{f,(i-1)+m,(j-1)+n}^l \mathrm{interpolation}d(\delta^{l+1})_{c,i,j} \tag{4.15}$$

4.1.3　卷积神经网络轴承寿命预测数据处理方法

1. 交叉验证法

当轴承数据样本有限时,可以采用交叉验证法划分数据集。同时它可以避免固定划分数据集的局限性、特殊性,这个优势在小样本数据集上更明显,可以有限避免过拟合的干扰。具体做法如图 4.3 所示,将数据集划分成 k 个互斥子集,为了确保数据的一致性,子集可通过分层采样获取。训练时,$k-1$ 个子集作为训练集,余下的一个子集是测试集。

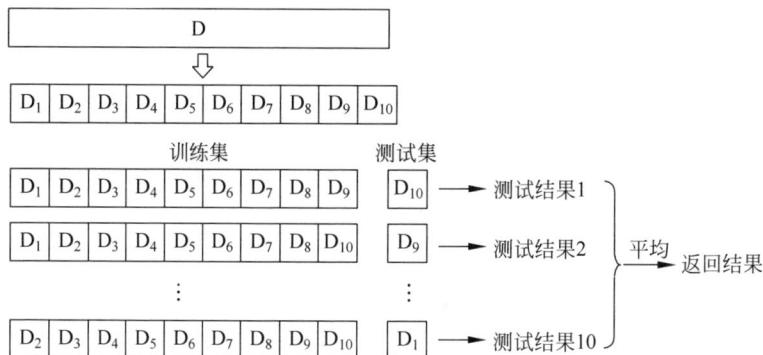

图 4.3　交叉验证

2. 批量归一化策略

在神经网络训练过程中,前一层参数的调整会使得后一层输入数据的分布发生变化,这就导致,每层在训练时需要不断变化来适应新的数据分布。这种计算数值的不稳定会导致模型训练困难,不仅会增大训练的复杂度,还会影响网络的训练速度并增加过拟合的风险。批量归一化技术将每个批处理的输入标准化,不但加快了模型的收敛速度,而且在一定程度上缓解了网络深度过高时导致的"梯度弥散"问题,从而使得训练网络模型更加容易和稳定。某些情况下,可以将训练时间减少到一半或更短,并提供一些正则化功能,从而减少泛化误差。

$$\mu_B = \frac{1}{m} \sum_{i=1}^{m} x_i \tag{4.16}$$

$$\sigma_B^2 = \frac{1}{m} \sum_{i=1}^{m} (x_i - \mu_B)^2 \tag{4.17}$$

$$\hat{x}_i = \frac{x_i - \mu_B}{\sqrt{\sigma_B^2 + \varepsilon}} \qquad (4.18)$$

$$y_i = \gamma \hat{x}_i + \beta \qquad (4.19)$$

式中,μ_B 和 σ_B^2 分别表示数据集合 $B = \{x_1, x_2, \cdots, x_m\}$ 的平均值和方差,ε 是一个微小值(如 10^{-7} 等),它是为了防止出现除以 0 的情况,γ 和 β 是数据进行缩放和平移的变换参数。

3. Adam 优化器策略

很多理论或工程问题都可以转换为对目标函数进行最小化的数学问题。Adam 优化器是一种常用的随机梯度下降(SGD)优化算法,结合了动量和学习率自适应的特点。基于随机梯度下降的优化算法在科研和工程的很多领域里都很重要。Adam 优化器策略是对 SGD 的扩展,可以代替经典的随机梯度下降法,更有效地更新网络权重。使用 Adam 优化器时,需要设定学习率、动量参数和小的数值来保证数值稳定性。通过计算动量估计和二次矩估计从而更新参数,其中动量估计用于维护参数更新的方向,二次矩估计则用于计算学习率的自适应调整,从而更好地适应不同参数的更新情况。通过将动量和学习率自适应性地结合,Adam 优化器可以在深度学习中表现出良好的性能,加快了收敛速度,并且对于稀疏梯度也具有较好的适应性。

Adam 使用了一阶动量的窗口衰减累加,公式如下:

$$m_t = \beta_1 m_{t-1} + (1 - \beta_1) g_t \qquad (4.20)$$

式中,m_t 为当前阶段的二阶动量,m_{t-1} 为上一阶段的二阶动量,β_1 为历史二阶动量保留率,Adam 使用了二阶动量的窗口衰减累加,公式如下:

$$V_t = \beta_2 V_{t-1} + (1 - \beta_2) g_t^2 \qquad (4.21)$$

式中,V_t 为当前阶段的二阶动量,V_{t-1} 为上一阶段的二阶动量,β_2 为历史二阶动量的衰减率。最终的更新公式如下:

$$\Delta \omega_t = \alpha \frac{1}{\sqrt{V_{t+\varepsilon}}} \qquad (4.22)$$

式中,ε 为增加分母稳定性的系数,α 为学习率。

4.2 基于 1D-CNN-SVR 的轴承寿命预测模型构建

4.2.1 基于 1D-CNN-SVR 的轴承寿命预测模型构建流程

已有的公开数据集中,由传感器采集的轴承信号多为一维时序数据,基于此采用一维卷积神经网络,结合深度学习思想,提出了一种"一维深度卷积神经网络＋支持向量回归模型"(1D-CNN-SVR)用于轴承寿命预测。基于 1D-CNN-SVR 的轴承寿命预测模型构建流程如图 4.4 所示。

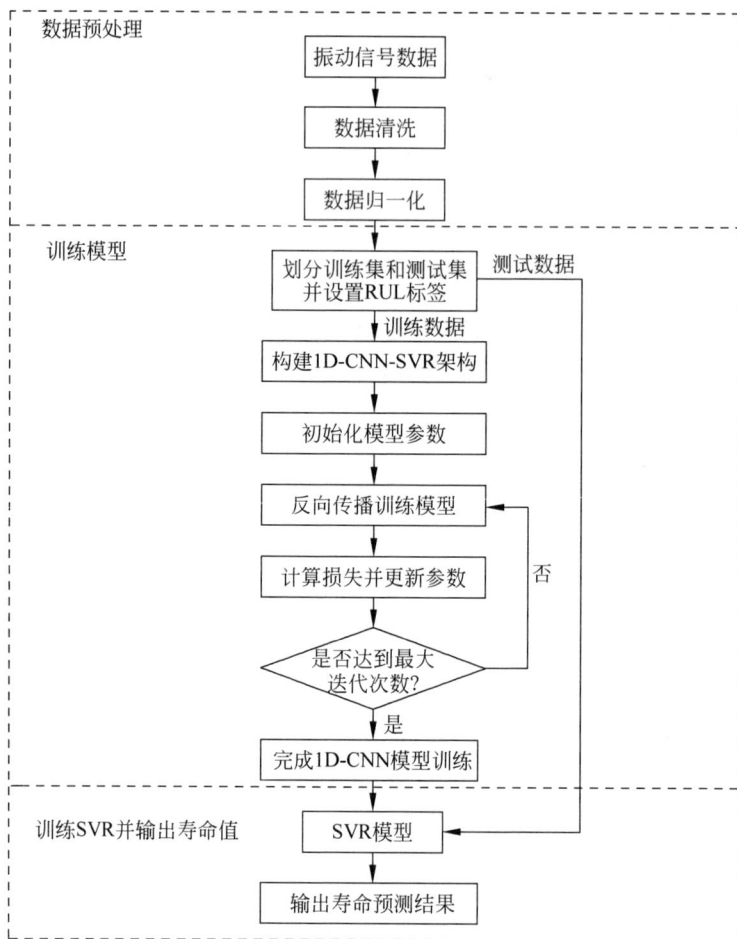

图 4.4　1D-CNN-SVR 模型构建流程图

该模型采用端到端的方式进行预测,归一化的原始传感器读数直接用作所提出网络的模型输入,不需要预测和信号处理的专业知识,减少了特征工程的学习时间成本。通过 1D-CNN 体系结构可以自动地提取出高级抽象特征,随后估计相关的剩余使用寿命值。

　　网络结构的设计从对卷积核的整体扩展开始。在激活函数的选择上,传统的 Sigmoid 激活函数针对深度网络结构容易出现梯度消失和训练时间

过长的问题,因此我们选择 Tanh 激活函数。其公式如下:

$$\text{Tanh} = \frac{e^x - e^{-x}}{e^x + e^{-x}} \tag{4.23}$$

常见的卷积神经网络会将池化层应用于卷积层生成的特征图后,这样做是由于池化能够提取出每个特征图中最重要的局部信息,从而减少特征维数,即减少模型参数的数量,然而,池化在提高模型运行效率时,也在一定程度上过滤了明显的有用信息。因此,尽管在卷积神经网络中普遍使用池化,但由于轴承数据的原始特征维数相对较低,所以可以不进行池化操作,下面的实验中也省略了池化步骤。

采用分段线性退化模型获得对每个训练样本的 RUL 标签,并在测试过程中,使用每个引擎单元最后一个记录周期对应的一个数据点作为测试样本。

4.2.2　一种基于 1D-CNN-SVR 的轴承寿命预测模型构建算法

基于 1D-CNN-SVR 的轴承寿命预测模型构建算法如下所示。

算法 4.1　1D-CNN-SVR 的轴承寿命预测模型构建算法

输入:轴承振动信号子数据集 $X_i(i=1,2,3,4)$,训练样本数量 N,迭代次数 E,学习
　　率 L,网络层数 H

输出:1D-CNN-SVR 模型结构和寿命预测结果

方法:

　1. 数据清洗,绘制传感器读数变化曲线,删除无变化传感器读数

　2. Z-Score 标准化数据

　3. 通过实验结果不断调整模型参数

While 测试集结果仍可以提升 do

调整卷积核尺寸、学习率及 Epochs 值等

　　　For　batch　do

$$\text{计算 MSE 损失函数:Loss} = \frac{\sum_{i=1}^{n}(y_{\text{real}} - y_{\text{predict}})^2}{n}, \text{结合损失函数值,}$$

　　　使用 Adam 优化器更新模型参数

While 达到最大迭代次数 do

　4. 将 1D-CNN 的输出,输入 SVR 进行模型训练

Return　1D-CNN-SVR 模型结构和寿命预测结果及评价指标

卷积神经网络的学习过程就像一个黑匣子,了解它的内部结构是十分困难的。算法 4.1 的核心工作是在实验的基础上帮助确定各参数的最优值。

根据卷积神经网络的特点,更大的卷积核大小和数量通常会生成更高的预测精度,然而,也会加重计算负担。因此需要在具体的实验过程中进行权衡,对模型中的卷积核大小、数量和步长等参数不断地改进和调整,最终确定一个较优的寿命预测模型。

4.3　基于 1D-CNN-SVR 的轴承寿命预测模型实验

4.3.1　基于 1D-CNN-SVR 的轴承寿命预测数据源

本实验使用由美国辛辛那提大学 NSF I/UCR 智能维护系统中心提供的滚动轴承的全寿命数据。数据集的实验环境为 4 个 Rexnord ZA-2115 双列滚动轴承安装在滚动轴承试验台的主轴上,4 个 Rexnord ZA-2115 双列滚动轴承被放在滚动轴承试验台的主轴上,每个滚动轴承每行有 16 个滚动体,速度为 2000r/min,实验过程中,滚动轴承承受了6000 磅的径向载荷。滚动轴承振动数据每 10min 采集一次,采样频率为 20kHz,每次采样长度为 20 480 点。经过 7 天的连续运行,发现滚动轴承 1 有一个外圈损坏,如图 4.5 所示。滚动轴承全寿命周期振动信号时域波形图如图 4.6 所示。

4.3.2　基于 1D-CNN-SVR 的轴承寿命预测模型构建实验

整个轴承寿命预测模型实验过程包括数据清洗、模型训练和模型预测。利用 TensorFlow 框架在 Python 3.7 环境下搭建 1D-CNN-SVR 寿命预测模型。

1. 特征选择实验

为了提高模型的预测准确性,简化模型的复杂度。下面运用通过特征选择筛选出对轴承寿命预测最重要的特征,以减少预测误差。

滚动轴承的退化是一个连续的过程,应该选取具有时间相关性的特征。文献[45]提出由于随机失效和疲劳失效的累积导致了退化,所以在时间轴上需要保持一定的整体增量或递减趋势,即退化特征量应具有一定的单调性。退化过程是轴承全寿命期间的趋势变化。退化特征应仅受轴承运行时间的影响,而不能受运行过程中随机故障的影响。因此,提取的特征应该具有防止随机失效的能力,即鲁棒性。

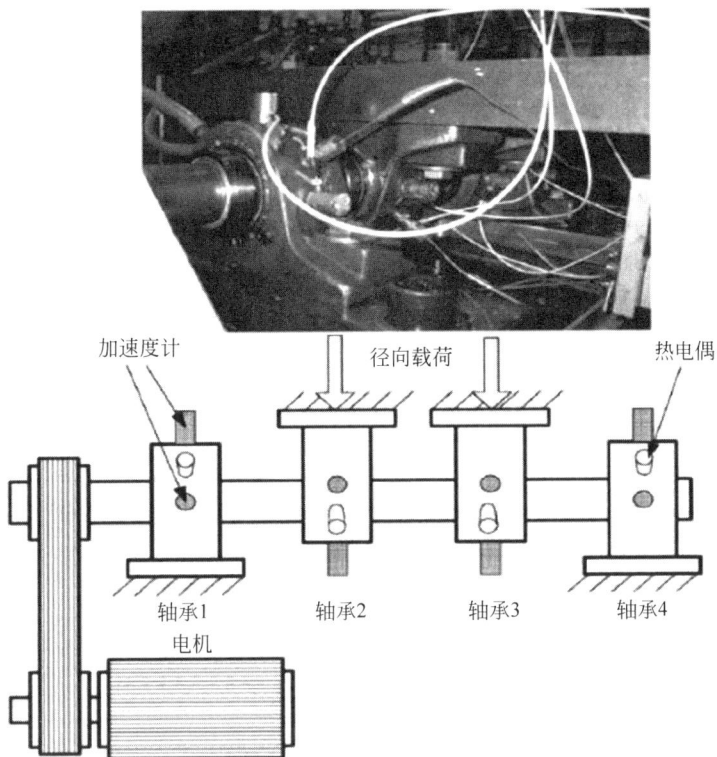

图 4.5 IMS 滚动轴承试验台

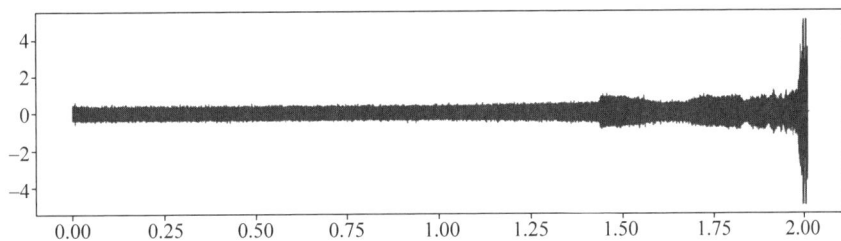

图 4.6 全寿命周期振动信号

在 3 个指标中,相关性用来衡量特征信号序列与时间序列的相关程度;单调性用来描述特征信号序列的增减趋势;鲁棒性用来反映特征信号序列对噪声干扰或故障信号的容忍度。

使用上述 3 个指标来衡量表征轴承退化过程的特征质量。

相关性、单调性和鲁棒性指标计算如下:

$$\mathrm{Corr}(F,T) = \frac{\left| K\sum_k f_T(k)t_k - \sum_k f_T(k)t_k \sum_k t_k \right|}{\sqrt{\left[K\sum_k f_T(k)^2 - \left(\sum_k f_T(k)\right)^2 \right]\left[K\sum_k (t_k)^2 - \left(\sum_k (t_k)\right)^2 \right]}}$$

$$(4.24)$$

$$\mathrm{Mon}(F) = \frac{1}{K-1}\left| \sum_k \delta(f_T(k+1) - f_T(k)) - \sum_k \delta(f_T(k) - f_T(k+1)) \right|$$

$$(4.25)$$

$$\mathrm{Rob}(F) = \frac{1}{K}\sum_k \exp\left(-\left| \frac{f_R(k)}{f(k)} \right|\right) \qquad (4.26)$$

上述公式中的 $\delta(\cdot)$ 定义如下:

$$\delta(\cdot) = \begin{cases} 1, & t > 0 \\ 0, & t \leqslant 0 \end{cases} \qquad (4.27)$$

通过轴承全寿命周期振动数据提取时域、频域、时频域的 16 个特征,构成优选特征集。根据特征参数评价指标,计算 16 个特征的相关性、单调性和鲁棒性。通过式(4.28)对 3 个指标赋予不同的权重。

$$J = \omega_1 \mathrm{Corr}(F,T) + \omega_2 \mathrm{Mon}(F) + \omega_3 \mathrm{Rob}(F) \qquad (4.28)$$

$$\mathrm{s.\,t.} \begin{cases} \omega_i > 0 \\ \sum_i \omega_i = 1, & i = 1,2,3 \end{cases}$$

式中,J 为各指标加权后的值之和,ω_i 为各指标的权重。在轴承退化过程中,需要更关注轴承退化周期的整体趋势,因此单调性应占据更大的权重。尝试不同的权重参数后,将相关性、单调性和稳健性指标的权重分别设置为 0.6、0.2、0.2。采用 0.6 作为归一化准则的阈值,选取超过阈值的 8 个特征构建特征集,降低神经网络的计算复杂度从而保证所选特征的有效性,加快计算速度。将归一化准则的阈值设为 0.6,选取 4 个特征构建轴承退化特征参数集,用于滚动轴承 RUL 预测,验证特征选择方法的有效性。

从原始信号中提取 16 个时频域特征,如表 4.1 所示,特征选择结果如图 4.7 所示。

表 4.1　时频域特征

特　征	计　算　公　式
F_1	$\max(X)$
F_2	$\min(X)$
F_3	$\max(X)-\min(X)$
F_4	$\dfrac{1}{n-1}\sum\limits_{i=1}^{N}(X_i-\overline{X})^2$
F_5	$\sqrt{\dfrac{1}{N-1}\sum\limits_{i=1}^{N}(X_i-\overline{X})^2}$
F_6	$\sqrt{\dfrac{1}{N}\sum\limits_{i=1}^{N}X_i^2}$
F_7	$\dfrac{1}{N}\sum\limits_{k=1}^{N}|X_k|$
F_8	$\dfrac{\dfrac{1}{n}\sum\limits_{i=1}^{n}X_i^3}{\left(\dfrac{1}{N}\sum\limits_{i=1}^{N}(X_i-\overline{X})\right)^{\frac{3}{2}}}$
F_9	$\dfrac{\dfrac{1}{N}\sum\limits_{i=1}^{N}X_i^4}{\left(\dfrac{1}{N}\sum\limits_{i=1}^{N}(X_i-\overline{X})\right)^{2}}$
F_{10}	F_6/F_7
F_{11}	$F_6/|F_1-F_2|$
F_{12}	$\max(|X|)/\dfrac{1}{N}\sum\limits_{i=1}^{N}X_i$
F_{13}	$\dfrac{\max(|X|)}{\left[\dfrac{1}{n}\sum\limits_{i=1}^{n}\sqrt{|x_i|}\right]^{2}}$
F_{14}	$\dfrac{\sum\limits_{k=1}^{n}s(k)}{n-1}$

续表

特　　　征	计　算　公　式
F_{15}	$$\dfrac{\displaystyle\sum_{i=1}^{n}(s(k)-P_1)^2}{n-1}$$
F_{16}	$$\dfrac{\sqrt{\displaystyle\sum_{k=1}^{n}\left(f_k-\sum_{k=1}^{n}f_k s(k)\Big/\sum_{i=1}^{n}s(k)\right)^2 s(k)/k}}{\displaystyle\sum_{k=1}^{n}f_k s(k)\Big/\sum_{i=1}^{n}s(k)}$$

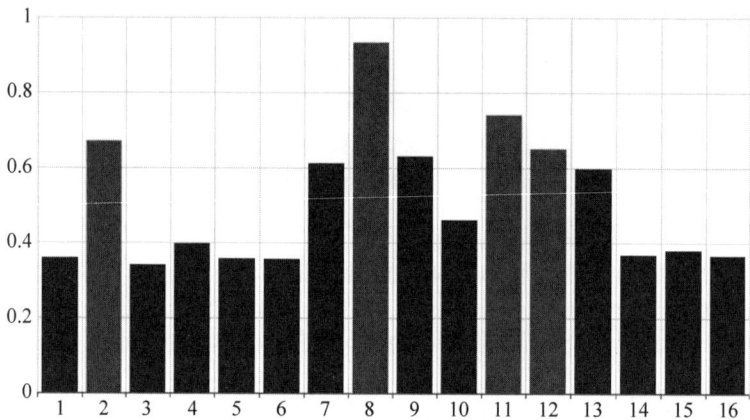

图 4.7　特征相关指标

2. 1D-CNN-SVR 模型结构

针对轴承一维振动信号,通过上述两个实验设计提出模型 1D-CNN-SVR,如图 4.8 所示。

该模型由 3 个过程组成:数据预处理过程负责对读取到的轴承信号做分析,删除无用特征,同时打上寿命标签;进行特征选择后,输入卷积神经网络进行训练;由全连接层用学到的所有特征表示输入支持向量回归,从而给出剩余使用寿命的预测结果。

每层网络均使用 Tanh 激活函数,其中反向传播过程中选择了 Adam 优化算法来更新权值,使得目标函数的值达到最小。

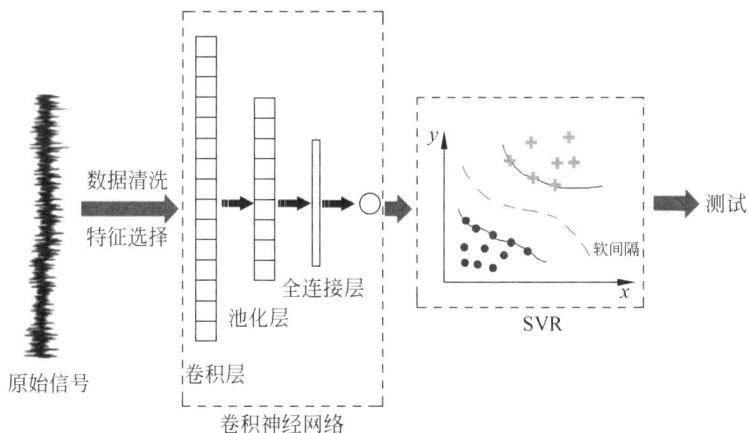

图 4.8 1D-CNN-SVR 模型

4.3.3 基于 1D-CNN-SVR 的轴承寿命预测模型验证实验

为评估模型性能,我们使用 MSE 和 MAE 评分函数的结果来评估模型,公式如下:

$$\mathrm{MSE} = \frac{1}{n} \sum_{i=1}^{n} (y_i - \hat{y}_i)^2 \tag{4.29}$$

$$\mathrm{MAE} = \frac{1}{n} \sum_{i=1}^{n} |\hat{y}_i - y_i| \tag{4.30}$$

上述两个评价指标范围均为 $[0, +\infty)$,当预测值与真实值完全吻合时等于 0,即完美模型。预测值和真实值的差距越小,则模型越好,反之则越差。

每轮实验取 10 次平均值,结果如表 4.2 所示。使用训练数据集生成模型,使用其测试数据集评估模型优劣,mini-batch 大小为 512,epochs 为 250。同时该数据集采取了分段线性退化假说,认为引擎单元在早期正常工作,之后线性退化,R_{early} 是一个恒定的 RUL 值,在早期被用作数据点的目标标签,其对数据集的预测性能有显著影响,R_{early} 在实验中设定为 125。

表 4.2 在 IMS 数据集上的评估结果

	测试集	
	MSE	MAE
1D-CNN-SVR(平均值)	0.002	0.045

　　绘制测试集最后记录数据点的 RUL 预测结果，如图 4.9 所示。结果显示，预测值接近真实值，具体评分结果如表 4.2 所示。

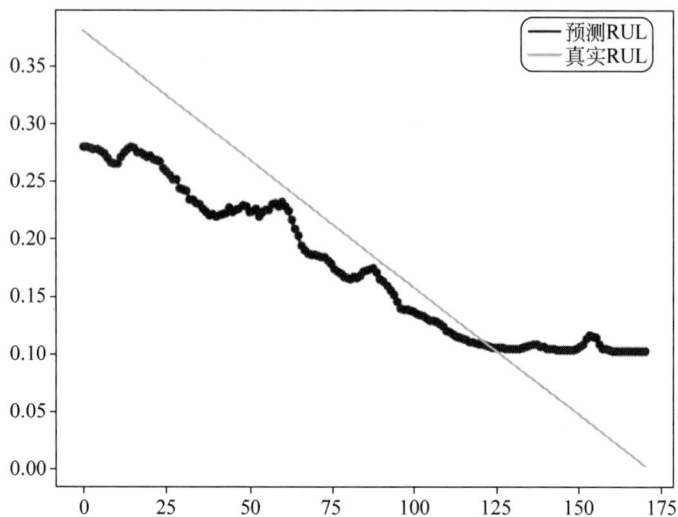

图 4.9　Bearing2_1 寿命预测结果

基于深度信念网络与支持
向量回归的轴承寿命预测

深度信念网络通过采用逐层训练的方式,解决了深层次神经网络的优化问题,通过逐层训练为整个网络赋予了较好的初始权值,使得网络只要经过微调就可以达到最优解。本章主要提出一种基于深度信念网络的轴承寿命预测方法,具体包括:基于深度信念网络的轴承寿命预测网络结构与寿命预测建模机理;基于深度信念网络的轴承寿命预测模型构建流程与构建算法;结合 IEEE PHM 2012 轴承数据集,完成基于深度信念网络的轴承寿命预测模型实验。

5.1 基于深度信念网络的轴承寿命预测原理

5.1.1 深度信念网络预测结构

深度信念网络(DBN)是一种深层模型,主要由多个受限玻尔兹曼机(RBM)和一个输出层叠加形成。基于深度信念网络的轴承寿命预测网络结构如图 5.1 所示。

该网络结构中从输入层到输出层,每两个相邻的层组成一个 RBM。RBM 是一种具有两层结构的神经网络,其简化了网络中同层之间的相连条件,即不存在层内各节点的相互连接。因此,网络中同层各节点之间相互独立。由于层内无权重连接,RBM 就形成了一个二分图模型,由两层神经元即输入层和输出层构成。图 5.1 中深度信念网络由多个 RBM 堆叠形成,通

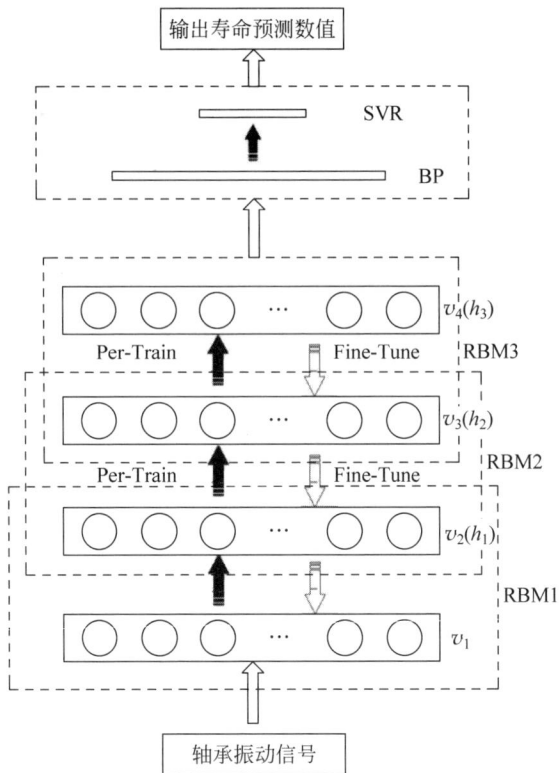

图 5.1   基于深度信念网络的轴承寿命预测网络结构

过权重矩阵 $w_{n \times m}$ 连接可见层 $v = (v_1, v_2, \cdots, v_n)$ 和隐藏层 $h = (h_1, h_2, \cdots, h_m)$，其中，可见层 v 用于接收输入信号，隐藏层 h 可视为对输入信号进行特征提取。

5.1.2   基于深度信念网络的轴承寿命预测建模框架

基于深度信念网络（DBN）的轴承寿命预测建模主要经历 2 个过程，分别是 DBN 无监督逐层训练过程和 DBN 有监督反向微调过程。

（1）DBN 无监督逐层训练过程。

在深度信念网络中，逐层训练过程即每个 RBM 在训练完成后的隐藏层的输出数据可以作为下一个 RBM 的可见层的输入数据，并依次对其余 RBM 进行训练，直到完成全部 RBM 的训练为止，这样就完成了对各层主要参数的初始化。RBM 主要利用其能量函数对相关概率分布函数进行说明，进而最大可能地拟合输入数据。对于 RBM 中的可见层 $v = (v_1, v_2, \cdots, v_n)$ 和隐藏层 $h = (h_1, h_2, \cdots, h_m)$。其能量函数为

$$E(V, H) = -\sum_{i=1}^{n} a_i v_i - \sum_{j=1}^{m} b_j h_j - \sum_{i=1}^{n} \sum_{j=1}^{m} v_i w_{ij} h_j \tag{5.1}$$

这里我们将可见层和隐藏层中的神经元称为可见单元和隐藏单元。其中，v_i 表示第 i 个可见单元的状态，h_j 表示第 j 个隐藏单元的状态。a_i，b_j，w_{ij} 是 RBM 的参数，a_i 表示可见单元 i 的偏置，b_j 表示隐藏单元 j 的偏置，而 w_{ij} 表示可见单元 i 和隐藏单元 j 的连接权重。

基于能量函数，当参数确定的时候，我们可以得到联合概率密度为

$$P(V, H) = \frac{1}{Z} e^{-E(V, H)} \tag{5.2}$$

$$Z = \sum_{V, H} e^{-E(V, H)} \tag{5.3}$$

式中，Z 表示归一化因子。另外我们可以得到第 j 个隐藏单元和第 i 个可见单元的激活概率为

$$P(h_j \mid v) = \sigma\left(a_j + \sum_{i=1}^{n} w_{ij} v_i\right) \tag{5.4}$$

$$P(v_i \mid h) = \sigma\left(b_i + \sum_{j=1}^{m} w_{ij} h_j\right) \tag{5.5}$$

这里的 σ 展开为 $\sigma(x) = 1/(1 + e^{-x})$，是 Sigmoid 激活函数。Sigmoid 的值域在 0 和 1 之间，并且函数具有良好的对称性，数据在传递过程中不易发散。

RBM 的训练主要是为了求出参数的值用来拟合给定的训练数据。这时我们可以使用对比散度（CD）算法来训练 RBM，又因为它需要 K 步吉布斯（Gibbs）采样，所以简称为 CD-K 算法。其中，当 $K = 1$ 时，只进行一步吉布斯采样就能达到很好的拟合效果。CD-K 算法如下：

$$w_{ij}^{\text{epoch}+1} = w_{ij}^{\text{epoch}} + \alpha CD \tag{5.6}$$

$$a_i^{\text{epoch}+1} = a_i^{\text{epoch}} + \alpha \frac{1}{m} \sum_{i=1}^{m} (h_i^{\text{epoch}-1} - h_i^{\text{epoch}}) \tag{5.7}$$

$$b_i^{\text{epoch}+1} = b_i^{\text{epoch}} + \alpha \frac{1}{n} \sum_{i=1}^{n} (v_i^{\text{epoch}-1} - v_i^{\text{epoch}}) \tag{5.8}$$

这里的 α 为学习率（Learning Rate），对比散度 $CD = \langle h_i^{\text{epoch}-1} v_j^{\text{epoch}-1} \rangle$

$-\langle h_i^{\text{epoch}} v_j^{\text{epoch}} \rangle$，$\langle \rangle$ 表示分布的平均。

（2）DBN 有监督反向微调过程。

已知 RBM 的训练只优化自己层内参数，若要使网络中的每个参数达到最优，则可以使用 BP 算法。在深度信念网络中，可以在该模型的最后一层运用 BP 算法，它可以通过反向传播将误差信息（误差是指输出信息和输入的真实信息之间的差距，又可称为损失）传递到每层 RBM 中，经过微调后的参数就成了 DBN 每层里的最优参数。这里引入损失函数，在搭建网络过程中用到的损失函数大多为均方误差损失函数和交叉熵损失函数。

均方误差损失函数：

$$L(Y, f(x)) = \frac{1}{D_N} \sum_{i=1}^{D_N} (h_i^N - Y_i)^2 \tag{5.9}$$

交叉熵损失函数：

$$L(Y, f(x)) = -\frac{1}{D_N} \sum_{i=1}^{D_N} Y_i \ln h_i^N \tag{5.10}$$

通过不断调整网络的参数使得损失函数的值不断变小，这样的一个网络才能更逼近真实的关系。要想使损失函数值不断变小，通常运用梯度下降法。梯度代表一个损失函数增加最快的方向，反之沿梯度相反的方向就可以不断减小损失，进而逼近最小值。常用的梯度学习方法有随机梯度下降法（Stochastic Gradient Descent，SGD）、Momentum 标准动量优化方法、牛顿加速梯度动量优化方法（Nesterov Accelerated Gradient，NAG）、Adam 自适应学习率优化算法等。

随机梯度下降法表达式如下：

$$W_{t+1} = W_t - \eta_t g_t \tag{5.11}$$

式中，学习率为 η_t，g_t 表示一个随机的梯度方向，W_t 表示 t 时刻的参数。

Momentum 标准动量优化方法：

$$v_t = \alpha v_{t-1} + \eta_t \nabla L(W_t; X^{(i_s)}; Y^{(i_s)}) \tag{5.12}$$

$$W_{t+1} = W_t - v_t \tag{5.13}$$

式中，v_t 表示 t 时刻积攒的速度，α 表示动力的大小，$X^{(i_s)}$ 表示样本，$Y^{(i_s)}$ 表示真实值，∇L 表示梯度，$\nabla L(W_t; X^{(i_s)}; Y^{(i_s)})$ 表示一个随机的梯度方向。

NAG 牛顿加速梯度动量优化方法：

$$v_t = \alpha v_{t-1} + \eta_t \nabla L(W_t - \alpha v_{t-1}) \tag{5.14}$$

$$W_{t+1} = W_t - v_t \tag{5.15}$$

式中，$\nabla L(W_t - \alpha v_{t-1})$ 表示损失函数关于 W_t 的梯度。

由此看来，无监督和有监督算法相结合可以提高用深度信念网络对轴承寿命预测的效果。

5.2 基于深度信念网络-支持向量回归的轴承寿命预测模型构建

5.2.1 基于深度信念网络的轴承寿命预测模型构建流程

基于深度信念网络的轴承寿命预测模型构建流程如图 5.2 所示。

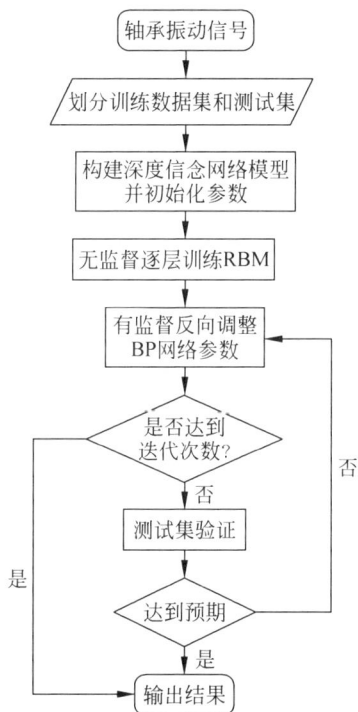

图 5.2 基于深度信念网络的轴承寿命预测模型流程

5.2.2 基于深度信念网络的轴承寿命预测模型构建算法

基于深度信念网络的轴承寿命预测模型构建算法如下所示，算法主要包括无监督逐层训练和有监督的反向传播两部分。

　　SVM 作为一种二类分类模型在线性函数两侧制造了一个"间隔带",对于所有落入间隔带内的样本不计算损失,只将间隔带之外的样本计入损失函数,最后通过最小化间隔带的宽度与总损失来最优化模型。SVR 的基本模型是特征空间上间隔最大的线性分类器,通过间隔最大化的学习策略,从而可以利用超平面对数据进行拟合。

算法 5.1　基于 DBN 轴承寿命预测模型建模算法

输入:轴承振动信号
输出:DBN-SVR 模型结构和寿命预测结果
方法:
　　1. 特征提取,提取时频域相关的 29 个特征并绘制特征图
　　2. 平滑提取到的特征,观察并筛选可用特征
　　3. 将筛选后的特征进行融合,以便作为网络的输入
　　4. 通过实验结果不断逐层训练 RBM
While 测试集结果仍可以提升 do
调整隐藏层结构、学习率及 Epochs 值等。
　　　　For　batch　do

$$\text{计算 MSE 损失函数:} Loss = \frac{\sum_{i=1}^{n}(y_{\text{real}} - y_{\text{predict}})^2}{n},\text{结合损失函数值,}$$

　　使用 Adam 优化器更新模型参数
While 达到最大迭代次数 do
　　5. 将 DBN 的输出,输入 SVR
　　6. 在 SVR 中进行模型训练
Return　DBN-SVR 模型结构和寿命预测结果

5.3　基于 DBN-SVR 的轴承寿命预测模型实验

5.3.1　轴承寿命预测数据源

　　本实验使用法国 FEMTO-ST 研究所提供的在实验平台(PRONOSTIA)上采集的轴承数据集(PHM 2012 数据集),如图 5.3 所示,该平台能够在可变操作条件下加速轴承退化,能够提供轴承全寿命周期数据,专门用于预测模型。该实验平台提供了 3 种不同工况下退化的轴承数据,数据集中每个轴承的退化几乎包含所有类型的缺陷(球、内外圈和保持架)。实验平台由 3 个主要部分组成:旋转部分、负载部分和测量部分。

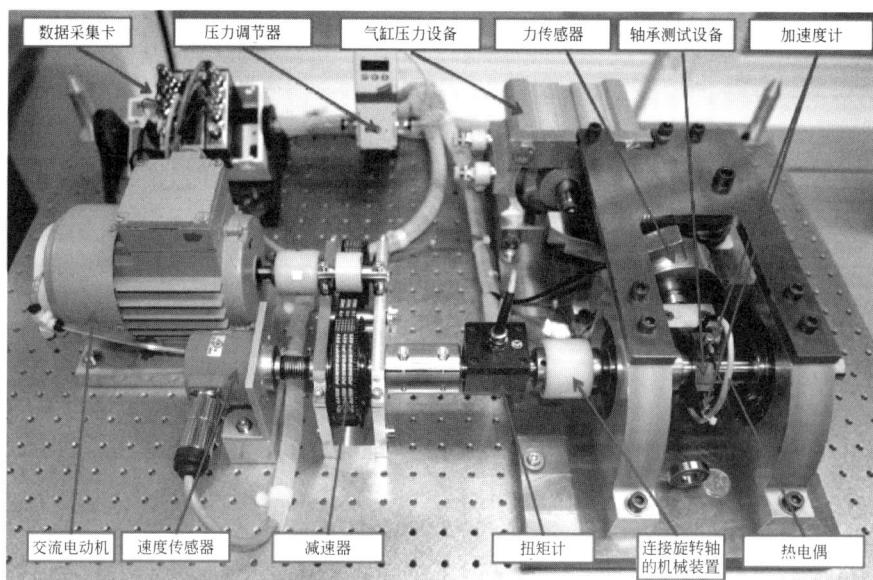

图 5.3　PRONOSTIA 实验平台

PRONOSTIA 实验平台能够在恒定和可变操作条件下加速轴承的退化,同时收集在线健康监测数据(转速、载荷力、温度、振动)。试验台旋转部分电动机功率为 250W,转速最高为 2830r/min,能保证第二根转轴转速为 2000r/min。负载部分为一个气动千斤顶,为轴承提供 4000N 的动载荷。

测试部分其中轴承的退化数据主要由两部分组成,分别为振动数据和温度数据。振动传感器由两个相互定位为 90°的微型加速度计组成,第一种放置在垂直轴上,第二种放置在水平轴上。两个加速度计沿径向放置在轴承的外圈上,采样频率为 25.6kHz。温度传感器是电阻温度探测器,放置在靠近外轴承环的孔内,采样频率为 0.1Hz。

主要目标是提供真实的实验数据,描述滚动轴承在整个全寿命周期(直到完全失效)的退化。

PHM 2012 数据集中有 3 种不同运转状态(转速和负载力)的数据:第一种情况的转速和负载力分别是 1800r/min 和 4000N;第二种情况分别是 1650r/min 和 4200N;第三种情况分别是 1500r/min 和 5000N。条件 1 和条件 2 情况下 7 个滚动轴承中有 2 个轴承提供了用于算法训练的从开始运行至故障时的完整数据,并为其他 5 个轴承提供了用于算法测试的截断数据。

条件 3 中提供了 2 个轴承的数据用于训练，另有 1 个轴承的数据用于测试。总体提供了 6 个运行至故障的训练数据集用来构建预测模型，另外的 11 个子数据集被截断作为测试数据，如表 5.1 所示。

表 5.1　PHM 2012 轴承数据集描述

数据集	操作条件		
	条件 1	条件 2	条件 3
训练集	Bearing1_1	Bearing2_1	Bearing3_1
	Bearing1_2	Bearing2_2	Bearing3_2
测试集	Bearing1_3	Bearing2_3	Bearing3_3
	Bearing1_4	Bearing2_4	
	Bearing1_5	Bearing2_5	
	Bearing1_6	Bearing2_6	
	Bearing1_7	Bearing2_7	

5.3.2　基于 DBN-SVR 的轴承寿命预测模型构建实验

整个轴承寿命预测模型实验过程包括特征提取、模型训练和模型预测。利用 TensorFlow 和 Keras 框架在 Python 3.7 环境下搭建 DBN-SVR 寿命预测模型。

1. 特征提取实验

为了确定退化的起点，有必要增加其退化初期特性的敏感性。本实验使用 Bearing1_1 的轴承寿命子数据集，从滚动轴承的振动信号中提取时域和频域的特征，包括有量纲和无量纲指标，最终提取到 29 个特征信号，如图 5.4 所示。

从实验图中可以看到有些特征波动过于剧烈或过于平滑，这可能会在后续建模期间引起问题，因此需要筛选并融合有用的时频域特征。最终观察 29 个特征，选择能够体现轴承退化趋势，且具有一定相关性并按照信息增益排序的特征，编号分别为 19、20、21、23、24 和 25，它们可以清楚地反映轴承的早期退化状态。

2. 网络层数对比实验

本实验使用 Bearing1_1 的轴承故障数据，并通过改变 DBN 的隐藏层数

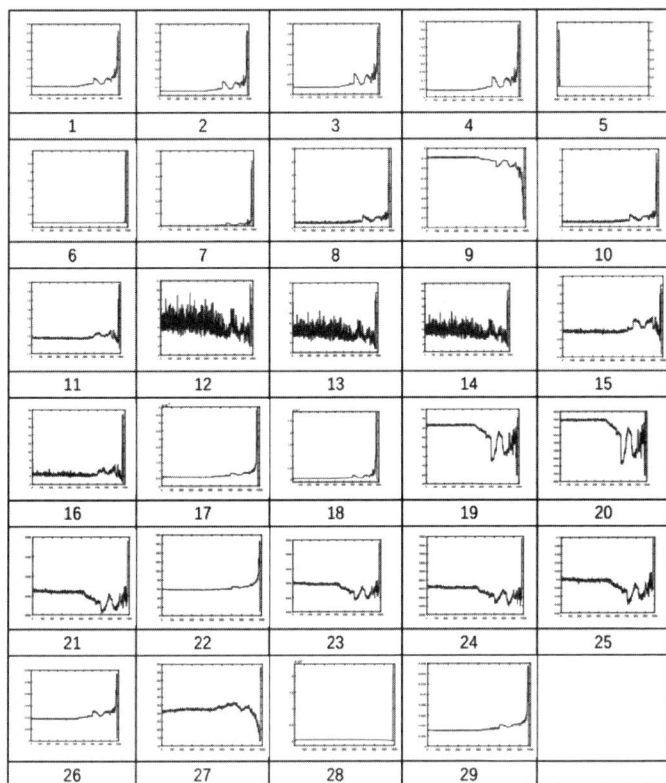

图 5.4 时域和频域特征提取可视化结果

量来确定网络结构的最优性,实验中使用 2 层至 5 层的结构来做对比。如图 5.5 所示,在 4 层结构中 DBM 的寿命预测均方根误差最小,可以达到 0.01,而 5 层时反而上升,这可能是过拟合导致的结果变差。同时考虑效率问题,层数越多训练时长越大,因此确定了 4 层网络结构。

针对轴承一维振动信号,通过上述两个实验设计提出模型 DBN-SVR。该模型由两部分组成,数据预处理过程负责对读取到的轴承信号做分析,删除无用特征,同时打上寿命标签;DBN 结构进行特征提取,使用 SVR 学习DBN 提取的特征,然后通过全连接层输出寿命预测结果。

每层网络均使用 Tanh 激活函数,全连接层后使用 Sigmoid 函数,其中,反向传播过程选择了 Adam 优化算法来更新权值,使得目标函数的值达到最小,学习率为 0.0009。

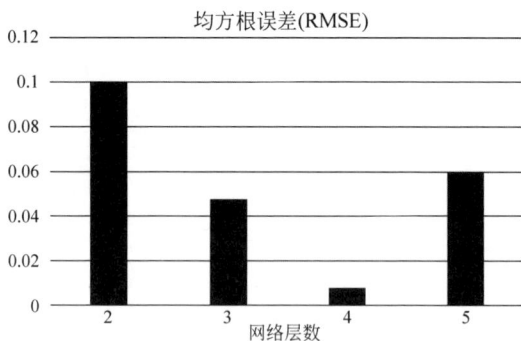

图 5.5   网络层数对比实验结果

5.3.3   基于 DBN-SVR 的轴承寿命预测模型验证实验

每轮实验进行 10 次后,取平均值,得到预测评价指标结果,如表 5.2 所示。使用训练数据集生成模型,使用测试数据集评估模型优劣,小批量数据 mini-batch 大小为 50,训练迭代次数 epochs 为 500。同时,该数据集采用 0-1 寿命标签,即初始寿命为 1,一直退化到 0。

表 5.2   在 PHM 2012 子数据集上的训练结果

RBMs-CNN(平均值)	Bearing1_3	
	MSE	MAE
	0.03	0.15

绘制以 Bearing1_3 作为测试集的寿命预测结果,如图 5.6 所示。可以看到,通过所提出的方法预测的 RUL 值通常接近实际值。

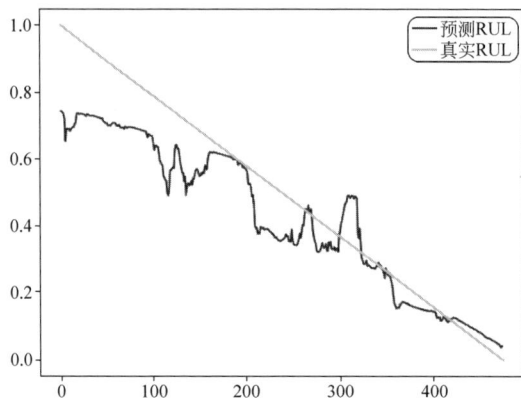

图 5.6   Bearing1_3 寿命预测结果

基于双向门控循环单元
神经网络的轴承寿命预测

第三类深度学习方法——循环神经网络(RNN),是一种在序列数据的演进方向进行递归且所有节点(循环单元)按链式连接的递归神经网络。本章主要提出一种基于循环神经网络的轴承寿命预测方法,具体内容包括基于循环神经网络的轴承寿命预测网络结构与寿命预测建模机理、长短期记忆网络 LSTM 工作原理、门限循环单元 GRU 网络工作原理以及 BiGRU 的工作原理以及基于循环神经网络的轴承寿命预测模型构建流程与构建算法,并结合 IEEE PHM 2012 提供的轴承数据集,完成基于循环神经网络的轴承寿命预测模型构建实验与模型验证实验。

6.1 循环神经网络寿命预测原理

6.1.1 循环神经网络预测结构

循环神经网络是一种深度学习模型,特别适合处理序列数据,如时间序列。这种网络的设计原理主要基于三个核心部分:输入层、隐藏层和输出层。其独特的特性在于隐藏层中的神经元能够互相传递信息,共享权重参数。这种机制使得 RNN 在处理连续的数据时具有出色的能力,能够理解和记忆序列中的上下文信息。简言之,循环神经网络是在全连接神经网络的基础上引入了循环机制,通过增加新的权重矩阵,使得现在的输出和之前的输出产生关联,从而赋予了网络对序列数据的理解能力。

我们将循环神经网络应用于轴承的寿命预测,RNN 基本结构如图 6.1
所示。

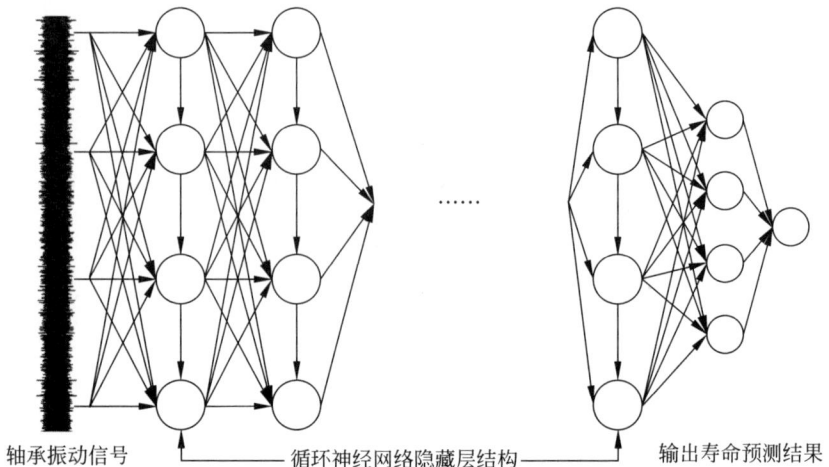

图 6.1　RNN 结构图

将上面的图按照时间线展开,RNN 循环单元结构图如图 6.2 所示。

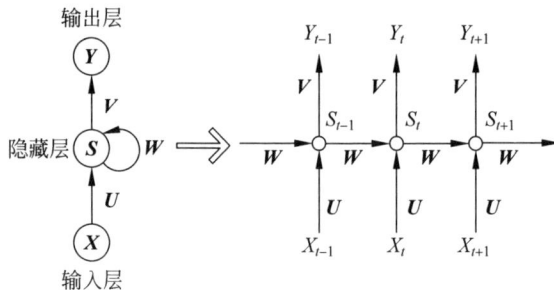

图 6.2　RNN 循环单元结构图

在循环神经网络中,我们用向量 X 来表示输入层的值,这个向量负责将
数据传入网络模型。隐藏层的值则用向量 S 表示,这一层主要负责处理数
据,并将处理结果传递到输出层。输出层的值则用向量 Y 表示,它代表了模
型经过隐藏层和循环层计算后的输出结果。权重矩阵 W 用于将隐藏层上一
次的值作为本次输入的权重。

通过观察模型的结构,我们可以看到输出层在时刻 t 的值 Y_t 由该时刻
的隐藏层值 S_t 和权重矩阵 V 决定。而 X_t 的值又受到当前时刻的输入 X_t、
权重矩阵 U 以及上一时刻的隐藏层值 S_{t-1} 和权重矩阵 W 的共同影响。这

种设计使得循环神经网络能够捕捉和利用序列数据中的时间依赖性,从而
实现对序列数据的有效建模。

$$S_t = f(\boldsymbol{U}x_t + \boldsymbol{W}S_{t-1} + b_s) \tag{6.1}$$

$$Y_t = g(\boldsymbol{V}S_t + b_y) \tag{6.2}$$

式中,t 代表的是时刻,S_t 代表的是隐藏层的计算公式,Y_t 代表的是输出层
的计算公式,f 和 g 代表的是激活函数,$\boldsymbol{U}$、$\boldsymbol{V}$ 以及 $\boldsymbol{W}$ 代表的是权重矩阵,b_s
和 b_y 代表的是偏置。从上面的公式我们可以看出,循环神经网络和全连接
神经网络的区别就是循环层多了一个权重矩阵 $\boldsymbol{W}$。

6.1.2　循环神经网络轴承寿命预测

通常情况下,RNN 的传播方式是双向的,即同时包含正向和反向传播,
通过这种方式不断更新权重参数 $\boldsymbol{U}$、$\boldsymbol{V}$ 和 $\boldsymbol{W}$。在 t 时刻,神经元 A 的状态是
由 $t-1$ 时刻的状态和 t 时刻的网络输入共同决定的,这个状态值通过双曲
正切函数进行计算。这个计算出的状态值不仅作为 t 时刻网络的输出,还会
作为下一时刻网络的输入,这个过程被称为 RNN 的正向传播(Forward
Propagation)。双曲正切函数的具体数学表达式如下:

$$f(x) = \tanh(x) = \frac{\sinh(x)}{\cosh(x)} = \frac{\mathrm{e}^x - \mathrm{e}^{-x}}{\mathrm{e}^x + \mathrm{e}^{-x}} \tag{6.3}$$

对于反向传播,每一次的输出值都会产生一个误差值 e_t,则总的误差可
以表示为

$$E = \sum_t e_t \tag{6.4}$$

同时,每一步的输出不仅依赖当前步的网络,还需要前面若干步网络的
状态,那么这种 BP 改版的算法叫作 Backpropagation Through Time
(BPTT),也就是将输出端的误差值反向传递,运用梯度下降法进行更新参
数,也就是要求参数的梯度:

$$\nabla \boldsymbol{U} = \frac{\partial E}{\partial \boldsymbol{U}} = \sum_t \frac{\partial e_t}{\partial \boldsymbol{U}} \tag{6.5}$$

$$\nabla \boldsymbol{V} = \frac{\partial E}{\partial \boldsymbol{V}} = \sum_t \frac{\partial e_t}{\partial \boldsymbol{V}} \tag{6.6}$$

$$\nabla \boldsymbol{W} = \frac{\partial E}{\partial \boldsymbol{W}} = \sum_t \frac{\partial e_t}{\partial \boldsymbol{W}} \tag{6.7}$$

6.1.3　循环神经网络改进及变型

1. 长短期记忆网络 LSTM

循环神经网络在训练过程中可能会遇到梯度爆炸和梯度消失的问题，这些问题可能会影响模型的寿命预测效果。另外，RNN 模型需要预先设定延迟窗口的长度，但这一参数的最优值并不容易确定。为了解决这些问题，人们提出了长短期记忆网络(LSTM)和门控循环单元(GRU)网络。

LSTM 网络可以有效地解决传统循环神经网络梯度消失和梯度爆炸的问题。它的设计主要包括遗忘门、输入门、输出门和记忆单元(C_t，贯穿整个 LSTM 单元)四部分。这些门的设计使得 LSTM 能够更好地控制信息的流动和更新，从而避免了梯度消失和梯度爆炸问题的出现，如图 6.3 所示。

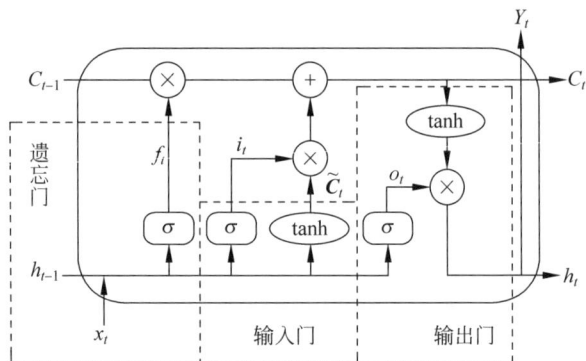

图 6.3　LSTM 循环单元结构图

其中，x_t 为 t 时刻外部输入信息，h_t 为 t 时刻隐藏层输出信息，Y_t 为 t 时刻输出信息，C_t 为 t 时刻 LSTM 细胞状态信息，C_{t-1} 为 $t-1$ 时刻 LSTM 细胞状态信息。

(1) 在 LSTM 的第一步中，遗忘门负责控制 $t-1$ 时刻的细胞状态信息 C_{t-1} 有多少能够传递到 t 时刻的细胞状态信息 C_t 中。这个过程是通过使用上一轮的输出 h_{t-1} 和当前的输入 x_t，经过遗忘门的权重参数 W_f 和偏置项 b_f(偏置项的作用是加速反向传播时的拟合速度)，再通过 sigmoid 函数进行计算，生成一个 0 到 1 之间的数值 f_t 来实现的。这个数值 f_t 可以看作是一个门控值，模拟了电路中门的开关状态，其中 0 表示门完全关闭，1 表示门完全打开。通过这种方式，遗忘门能够决定保留多少过去的细胞状态信息进入当前的细胞状态中。

公式为

$$f_t = \sigma(W_f[h_{t-1}, x_t] + b_f) \tag{6.8}$$

式中，f_t 为 t 时刻遗忘门状态。这里遗忘门的作用是将没有用的 $t-1$ 时刻细胞状态信息过滤掉，将剩余信息保留到 t 时刻。

（2）在 LSTM 的第二步中，我们会生成 t 时刻的候选细胞状态 $\widetilde{C}_t$ 和输入门状态 i_t。具体来说，$\widetilde{C}_t$ 是通过将 t 时刻的外部输入信息 X_t 和 $t-1$ 时刻的输出信息 h_{t-1} 与候选细胞状态的权重 W_c 相乘，并加上候选细胞状态的偏置值 b_c，得到中间值后，再通过 tanh 函数进行处理得到的。而 i_t 则是通过将同样的输入信息与权重 W_c 相乘并加上偏置值 b_c，得到中间值后，再通过 sigmoid 函数进行处理得到的。这里的 $\widetilde{C}_t$ 可以看作是根据当前信息生成的预备进入细胞状态的信息，而输入门状态 i_t 的取值在 $0\sim1$，它会根据当前信息的重要程度来决定由 $\widetilde{C}_t$ 有多少能够进入真正的细胞状态 $\widetilde{C}_t$，从而把重要的信息作为长期记忆来影响未来的结果。

$$\widetilde{C}_t = \tanh(W_c[h_{t-1}, x_t] + b_C) \tag{6.9}$$

$$i_t = \mathrm{sigmoid}(W_i[h_{t-1}, x_t] + b_i) \tag{6.10}$$

（3）在 LSTM 的第三步中，我们会先对"老的"细胞状态（$t-1$ 时刻的状态）C_{t-1} 进行过滤，通过遗忘门的作用，我们会"忘掉"那些过时的、无关紧要的信息。然后，我们会将未来可能会有用的候选信息细胞状态 $\widetilde{C}_t$ 与输入门状态 i_t 相乘，得到真正有用的信息，并将这些信息加入已有的细胞状态中，最终得到新的（t 时刻）的细胞状态信息 C_t。

$$C_t = f_t C_{t-1} + i_t \widetilde{C}_t \tag{6.11}$$

（4）到了第四步，我们会输出 t 时刻的结果信息 h_t。这个过程是先将 h_{t-1} 和 X_t 通过输出权重 W_o 和输出偏置值 b_o 进行处理，生成输出门状态 o_t。然后，我们会将 C_t 通过 tanh 函数进行信息压缩，再经过输出门状态 o_t，最终得到 t 时刻的输出结果 h_t。

$$o_t = \sigma(W_o[h_{t-1}, x_t] + b_o) \tag{6.12}$$

$$h_t = o_t \tanh(C_t) \tag{6.13}$$

2. 门控循环单元 GRU

回顾一下 LSTM 的模型，它实现了 3 个门计算，即遗忘门、输入门和输出门。但是 LSTM 的重复网络模块结构很复杂，中间参数杂多，在实际训练数据时比较耗时。为了解决这一问题,GRU 模型诞生了。

GRU 则是 LSTM 的一个变体,相比于 LSTM,GRU 能够达到相当的效果,并且更容易进行训练,能够在很大程度上提高训练效率,因此很多时候会更倾向于使用 GRU。

GRU 循环单元结构图如图 6.4 所示,它只有两个门,分别为更新门和重置门,即图中的 Z_t 和 r_t。

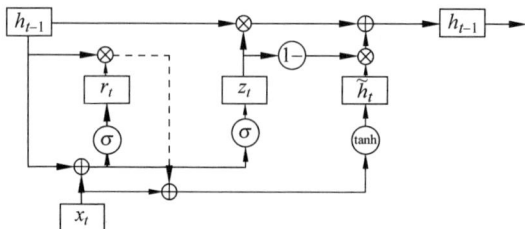

图 6.4　GRU 循环单元结构图

其中,h_t 为 t 时刻的隐藏状态变量,h_{t-1} 为 $t-1$ 时刻的隐藏状态变量,$\widetilde{h}_t$ 为 t 时刻的候选隐藏状态变量,x_t 为 t 时刻的外部输入信息,r_t 为 t 时刻的重置门状态,Z_t 为 t 时刻的更新门状态。

(1) GRU 的第一步是将上一轮的隐藏状态变量 h_{t-1} 和本轮的输入 x_t 信息乘以重置门权重 W_t,并通过 sigmoid 函数来获取重置门状态 r_t。乘以更新门权重 W_t,并通过 sigmoid 函数来获得更新门状态 Z_t。

$$Z_t = \sigma(W_z[h_{t-1}, x_t] + b_z) \tag{6.14}$$

$$r_t = \sigma(W_r[h_{t-1}, x_t] + br) \tag{6.15}$$

式中,r_t 可以比喻为线索状态。Z_t 根据现有 x_t 和 h_{t-1} 的重要性,决定对后续信息遗忘程度和记忆程度。

(2) GRU 的第二步是在得到重置门状态后,将 h_{t-1} 与重置门状态 r_t 相乘得到中间变量 $\widetilde{h}_{t-1}$,再将中间变量 $\widetilde{h}_{t-1}$ 和外部输入变量 x_t 拼接后经过 tanh 函数得到本次候选的隐藏状态变量 $\widetilde{h}_t$。

$$\widetilde{h}_t = \tanh(W[r_t h_{t-1}, x_t] + b_h) \tag{6.16}$$

(3) GRU 的第三步也是最关键的一步,"更新记忆",在这一步要同时经历遗忘和记忆两个步骤。

$$h_t = (1 - Z_t)h_{t-1} + Z_t \widetilde{h}_t \tag{6.17}$$

式中,Z_t 和 $(1-Z_t)$ 作为记忆状态和遗忘状态,$(1-Z_t)h_{t-1}$ 表示对原有的信息选择性遗忘,遗忘掉不重要的信息。$Z_t \tilde{h}_t$ 表示对候选信息选择性记忆,记忆有用的信息。更新门状态越接近 1,记忆的信息就会越多,越接近 0,遗忘的东西就会越多。

3. 双向门控循环单元网络 BiGRU

因时间序列中单个时刻的状态同时受前一时刻与后一时刻影响,所以为 RNN 引入双向结合的机制:双向门控循环单元网络(Bidirectional Gated Recurrent Unit,BiGRU),集成了双向结合机制和 GRU 网络,为网络添加反向序列信息,提高网络的预测准确度,并同时避免了梯度爆炸和梯度消失的问题。具体是通过构造两层 GRU 神经网络实现的,一层网络以时间正序输入训练,另一层网络以时间逆序输入训练,两层训练网络的结果输出后进行聚合运算,从而提高了网络预测的准确率。BiGRU 网络结构如图 6.5 所示。

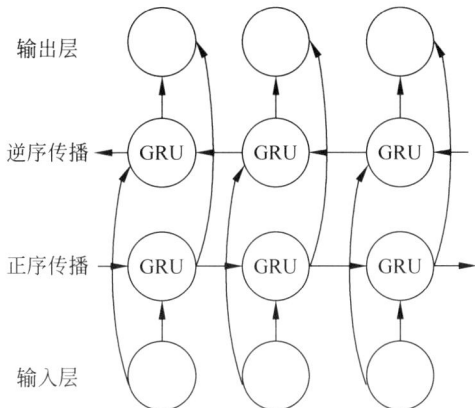

图 6.5　BiGRU 网络结构

与 GRU 类似,BiGRU 在式(6.17)的基础上扩展为正序与逆序两个状态,其中正序信息传播的公式如下:

$$h_t^{\mathrm{f}} = (1 - Z_t)h_{t-1}^{\mathrm{f}} + Z_t \overset{\%}{h}_t \qquad (6.18)$$

逆序信息传播的公式如下:

$$h_t^{\mathrm{b}} = (1 - Z_t)h_{t-1}^{\mathrm{b}} + Z_t \overset{\%}{h}_t \qquad (6.19)$$

BiGRU 输出公式为

$$h_t^{\mathrm{bi}} = [h_t^{\mathrm{f}}, h_t^{\mathrm{b}}] \qquad (6.20)$$

式中,h_t^{bi} 表示 BiGRU 在时间步 t 的最终输出,包含了正序传播与逆序传播的信息组合,使其能够更好地理解输入序列的上下文和依赖关系,用于后续任务。

6.2　基于 PBiGRU 网络的寿命预测模型构建

6.2.1　基于 PBiGRU 网络的轴承寿命预测模型的构建流程

普通 BiGRU 网络拥有强大的序列数据处理能力,但是随着序列的增长,BiGRU 网络就可能会出现梯度爆炸和梯度消失的现象。我们在 BiGRU 网络的基础上中加入了池化层(Pool Layer),将其演变为 PBiGRU 模型,一种新的轴承剩余寿命预测模型。PBiGRU 模型具有数据降维的能力,在经过池化层的压缩降维后把数据送入 BiGRU 进行训练,在不损失过多信息的基础上减少了网络参数,有效地避免了梯度爆炸和梯度消失现象的产生。

PBiGRU 网络结构如图 6.6 所示。

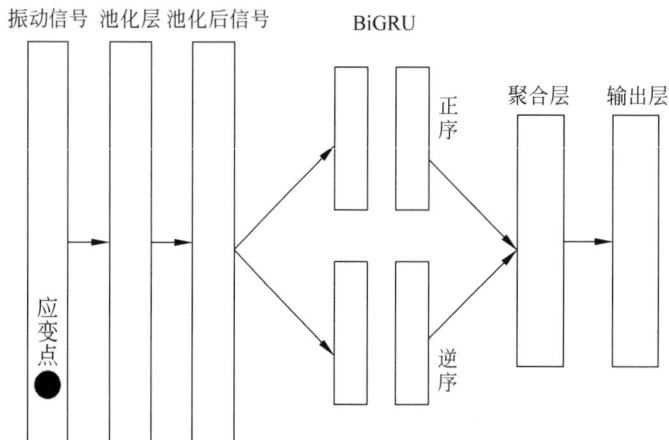

图 6.6　PBiGRU 网络结构

① CUSUM——应变点检测。

CUSUM(累积和)是一种简单的变化点检测算法,它被广泛应用于各种场合,如机器故障检测和信号突变监测等。

CUSUM 算法基于时间加权控制图,显示每个样本值与目标值的偏差累积和。在数据没有发生改变的情况下,CUSUM 将会趋于一个零均值正态分布。然而,当数据发生改变时,CUSUM 将会偏离零均值正态分布。利用这一特性,我们可以设定一个阈值,当 CUSUM 超过这个阈值时,就认为变化点发生了。

在实际应用中,由于参数估计的难度较大,特别是在获取信号的概率分布较难的情况下,大多数选择非参数 CUSUM 控制图。非参数 CUSUM 不需要对数据的概率分布做任何假设,因此更为灵活和实用。

应用 CUSUM 应变点检测算法检测滚动轴承振动信号运行状态的应变点,将振动信号进行轴承寿命周期划分,并进行轴承剩余寿命标注。该方法的最大优点是保持稳定期的特征标签不变,从衰退期开始降低剩余寿命标签,避免稳定期对模型训练的影响,提高训练结果的精度。

输入层接收原始的滚动轴承振动信号,在将数据划分寿命周期并标注完成后,输入下一层网络进行训练。

② 池化层——特征降维。

池化层主要起到下采样的作用,可以缩小特征图,减少 CNN 中的参数数量,提高网络的训练速度。在深度神经网络中,随着网络层数的加深,参数的数量将增加,这将使网络学习更加困难,同时也会增加随机参数的数量,增加梯度爆炸和梯度消失的风险,用池化层对特征图进行下采样,可以减少这种风险;此外,池化层可以提取一定区域内的主要特征,提高模型的鲁棒性。池化层主要有均值池化层和最大值池化层两种。均值池化层取区域内的均值作为输出,而最大值池化层取区域内的最大值作为输出。

在循环神经网络中,当数据过多,时间序列过长,导致神经元增多时,也会产生梯度消失或梯度爆炸的现象,并且这一问题会随着神经元数量的增加而进一步变得显著。同时原始数据本身就带有大量的噪声,当以单一时刻为训练样本时,噪声的影响就更加显著。从这点来看,可以想办法将卷积神经网络中的池化层借鉴到循环神经网络中来解决梯度消失、梯度爆炸和噪声过大的问题。

综上所述,本文采取了添加池化层的方法来减少网络序列的长度,同时尽量避免噪声带来的影响,并且选择了不常用的均值池化层来代替最大值池化层,以避免特征信号极大值噪声的影响。

池化层接收经过划分寿命周期和标注的数据,在经过本层池化的下采样处理后,数据将输入下一层网络进行训练。

③ BiGRU 网络——特征提取与学习。

BiGRU 是普通 GRU 的变种,普通 GRU 由单向序列进行训练,当前时刻的状态信息只能由过去的序列以及当前输入来捕获,但是,在实际应用中,当前时刻状态可能不仅仅由过去状态影响,而是受全周期影响。BiGRU 网络同时训练时间序列的正序和逆序,最后将训练结果汇总,其当前时刻既受过去状态影响,也受未来状态影响,这样就大大提高了预测的准确性。

对于循环神经网络,网络的训练主要依托于时间序列上的信息传递和互相影响,而网络深度对训练结果的影响远小于此,也就是说并不是越深就是越好,反而过深的网络会导致梯度爆炸和梯度消失,导致训练失败。

BiGRU 网络层接受自池化层下采样过的数据,数据在本层进行学习,最后将训练好的数据输出。BiGRU 网络层接受的数据是单一时刻采样后的振动信号特征,故输出时输出单一时刻的剩余寿命特征。

6.2.2　基于 PBiGRU 网络的轴承寿命预测模型构建算法

基于循环神经网络的预测模型构建算法如算法 6.1 所示。

算法 6.1　基于循环神经网络的预测模型构建算法

输入:训练集 $D = \{x_i, y_i\}_{i=1}^m$
输出:集成预测值 H
步骤 1:数据预处理

    for i = 1 to m do
      abs(mean(x_i))
    end for
    p = do CUSUM on x_i
    for i = 1 to m do
      if i < p set y_i = 0
      else set $y_i = \dfrac{m-i}{m-p}$
    end for
    normalization(x_i)

步骤 2:训练循环神经网络

    learn H based on D_h

步骤 3:曲线平滑

    smooth H
    return H

6.3　基于 PBiGRU 网络的寿命预测模型实验

6.3.1　轴承寿命预测模型实验数据源及预处理

1. 数据集描述

为了验证本文所提出的 PBiGRU 模型的可行性和有效性,本实验使用与第 5 章一样的由 FEMTO-ST 研究所的 PRONOSTIA 实验平台提供的 PHM 2012 挑战数据集,这里就不过多介绍。

实验采用 Bearing1_1、Bearing1_2 数据集作为训练集,Bearing1_3 数据集作为测试集,如表 6.1 所示。

表 6.1　实验数据集描述

	训　练　集	训　练　集	测　试　集
轴承	Bearing1_1	Bearing1_2	Bearing1_3
csv	2803	871	2375

2. 预处理

由于深度学习可以自动从原始信号中提取特征,我们直接使用采集到的轴承原始振动信号,在 CUSUM 变点检测算法找出信号改变点之后,再用 Savitsky-Golay 算法对信号曲线进行平滑处理。Savitsky-Golay 平滑算法可以除去高频噪声对数据信号的干扰,是消除噪声最常用的一种方法。其原理为通过多项式对移动窗口内的数据进行多项式最小二乘拟合,算出窗口内中心点关于其周围点的加权平均和。循环神经网络的所有节点按链式连接进行递归,隐藏层中的神经元既要受上一个神经元的影响,也会对下一个神经元造成影响,导致其训练时规定的序列长度不变。因此为了保留因循环神经网络序列长度相同而舍弃的部分数据,我们将单一时刻振动信号的绝对值作为样本单位,并将单次采样的样本数作为序列长度,以此构成单次训练单位。

采用 CUSUM 变点检测算法来检测滚动轴承振动信号运行状态的改变点,以此划分轴承寿命周期,再以轴承剩余寿命周期为基础对样本标签进行标注。以 Bearing1_1 为例,样本标注的步骤如下:

(1) 滚动轴承振动信号实际上是滚动轴承在某一方向上的加速度量,常用的是横轴上的振动信号,这个信号值有正负之分,其正负代表的不是大小而是轴承振动的方向,而轴承振动方向在我们预测轴承剩余寿命周期过程中并不重要,故应先对信号进行取绝对值的处理。轴承单一时刻采集 2560 个振动信号,我们采用均值来代替轴承某一时刻的振动信号。将数据处理完成后,绘制绝对均值振动信号曲线,如图 6.7 所示。

(2) 信号处理完成后,使用 Savitsky-Golay 算法对信号曲线进行平滑处理,达到初步降噪的效果,以此避免噪声干扰。然后使用 CUSUM 变点检测算法

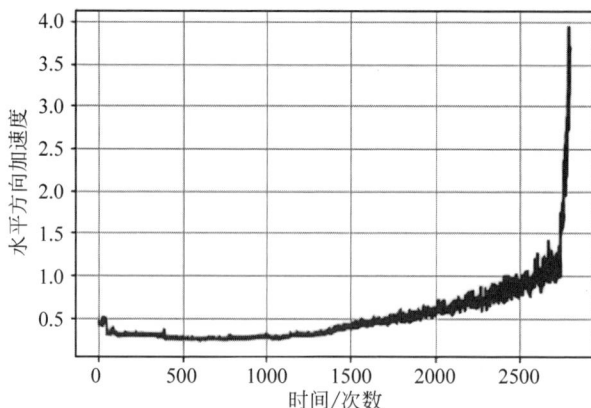

图 6.7　绝对均值振动信号图

计算信号曲线的改变点,改变点之前的曲线作为稳定期,剩余寿命全部标注为1,改变点之后的曲线作为衰退期,剩余寿命标注为从 1 逐渐递减至 0。

（3）在全部数据剩余寿命标注完成后,因为不同轴承振动信号值的区间不同,还需对轴承振动信号样本进行归一化处理。实验采用的比较标准是常用回归评价指标 MSE(Mean Square Error)、MAE(Mean Absolute Error)、R^2(R-Square),公式分别如下:

$$\text{MSE} = \frac{1}{m} \sum_{i=1}^{m} (y_i - \hat{y}_i)^2 \tag{6.21}$$

$$\text{MAE} = \frac{1}{m} \sum_{i=1}^{m} |y_i - \hat{y}_i| \tag{6.22}$$

$$R^2 = 1 - \frac{\sum (y_i - \hat{y})^2}{\sum (y_i - \overline{y})^2} \tag{6.23}$$

6.3.2　基于 PBiGRU 的轴承寿命预测模型构建实验

1. 有无变点检测预测模型对比实验

传统的滚动轴承寿命预测中并没有对寿命周期进行划分,而是将其看作一个完整的下降阶段,然而将剩余寿命周期进行划分可以在模型或其他影响因素不变的情况下,提高剩余寿命预测的准确率。我们将滚动轴承的剩余寿命分为稳定期和衰退期两个阶段,使平稳期剩余寿命标签保持不变,衰退期剩余寿命标签逐步下降。使用 SVR 机器学习模型作为测试模型,核函数选择 RBF。对比实验结果如图 6.8 所示。

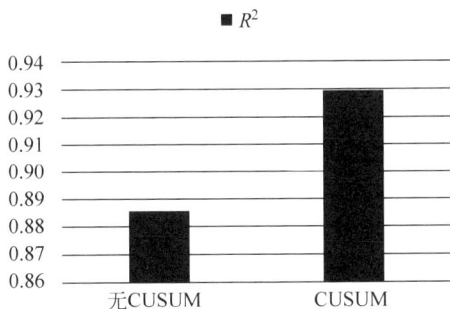

图 6.8　CUSUM 对比试验图

　　由实验可以得出,CUSUM 变点检测算法的应用极大地提高了模型剩余寿命预测的准确率。

2. 不同尺度池化层预测模型对比实验

　　池化层是 PBiGRU 网络中的一个重要部分,经上一层网络划分并标注好的数据为避免由于序列过长而发生梯度爆炸,需经过池化层进行均值下采样后才能到 BiGRU 网络中进行训练。我们采用控制变量的方法,对相同情况下不同池化层尺寸模型的训练效果进行对比,以选择最佳的池化层尺寸设置。实验网络层数设置为两层,由 Savitzky-Golay 平滑算法处理。对比池化层尺寸长度分别为 320、160、80、40、20 和 0(即不采用池化层下采样),对比实验结果如图 6.9 所示。

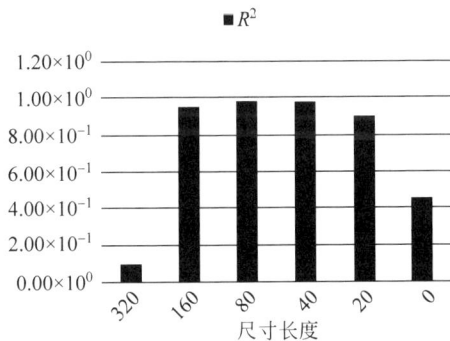

图 6.9　池化层尺度对比实验图

　　由实验可以得出,当池化层尺寸长度为 0,即不采用池化层下采样时,训练结果较差,而当池化层尺寸长度为 80 时,模型训练的结果最好。当池化层尺寸长度为 160 时,训练效果并没有比长度为 80 时好,所以模型池化层尺寸最优设置为 80。池化层的设置极大地提高了模型的训练效果。

3. 不同网络深度下预测模型对比实验

滚动轴承剩余寿命的时序数据主要在 BiGRU 网络中进行处理,池化层网络的参数设置对最后剩余寿命的预测结果有着至关重要的影响。BiGRU 网络的特征提取和函数拟合能力主要依赖于层间神经元的相互依赖作用,而不是单纯的深度加深,对于普通深度神经网络而言,更深的网络层数有助于提取更复杂的信号特征,拟合更复杂的映射函数,但是对于 BiGRU 网络而言过深的网络反而不利于 BiGRU 网络的训练。根据经验,循环神经网络的层数一般在 1~3 层。本实验池化层尺寸设置为 80,由 Savitzky-Golay 平滑算法处理。对比网络层层数分别为 1、2、3。

对比实验结果如图 6.10 所示。

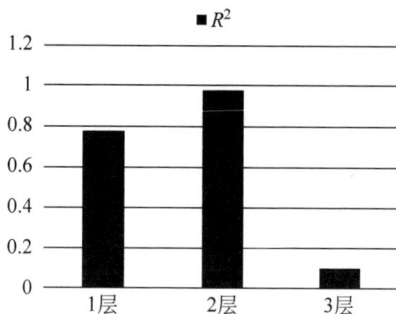

图 6.10　BiGRU 层数对比实验结果

由实验可以得出,当 BiGRU 网络层数为 3 时,模型训练的结果最差,当 BiGRU 网络层数为 2 时,模型训练的结果最好,故 BiGRU 网络的网络层数最优设置为 2。

4. 有无平滑算法预测模型对比实验

由于训练集数据总是会含有噪声,各种模型的训练结果也不可能是完全正确的,因此在滚动轴承剩余寿命的预测过程中,会有部分样本寿命预测错误,对应最终的寿命曲线上就会出现部分点值的突然升高或降低,这些点可以看作是剩余寿命曲线的噪点,而 Savitzky-Golay 算法可以一定程度上降低这些噪点对最终预测结果的影响,应用 Savitzky-Golay 平滑算法给最后剩余寿命预测结果进行降噪。本实验网络层层数为 2,池化层尺寸设置为 80,对比项为有无 Savitzky-Golay 平滑处理。

对比实验结果如图 6.11 所示。

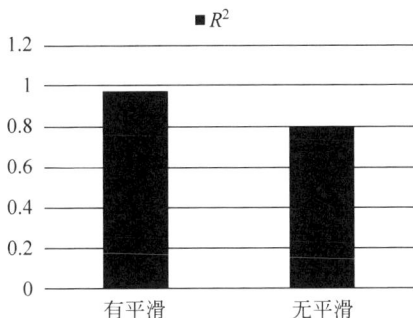

图 6.11　平滑处理对比实验图

由实验可以得出，当模型结果采用 Savitzky-Golay 平滑处理时，模型训练的结果较好，不设置 Savitzky-Golay 平滑处理时，训练结果较差，故 Savitzky-Golay 平滑处理的设置极大地提高了模型的训练效果。

6.3.3　循环神经网络的轴承寿命预测模型对比验证实验

在实验阶段，将 PBiGRU 滑动滤波框架与支持向量机回归模型（Support Vector Regression，SVR）、多层感知机模型（Multilayer Perceptron，MLP）两种机器学习模型和 BiGRU、PGRU 两种深度学习模型进行对比。其中，与 SVR、MLP 的对比实验为 PBiGRU 网络与传统机器学习模型的对比，以显示其相较于传统机器学习模型的优势，与 BiGRU、PGRU 的对比实验为 PBiGRU 网络与传统深度学习模型的对比，以显示相较于传统深度学习模型的优势。各个框架的 MSE、MAE、R^2 指标对比图如图 6.12 所示。

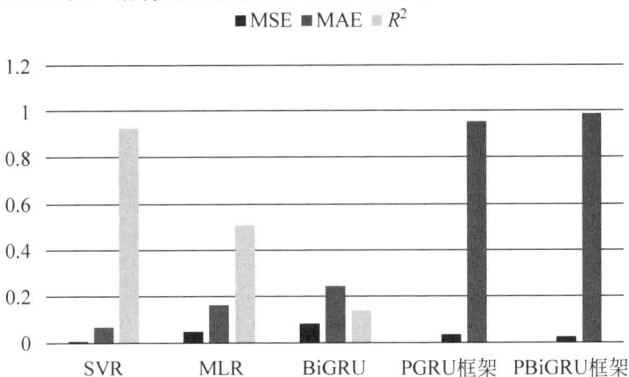

图 6.12　模型实验数值对比图

由实验可以得出 PBiGRU 框架的 MSE、MAE 指标最小,表示其模型的预测误差最小,R^2 指标最大,表示其模型的预测结果拟合度最好。

SVR 剩余寿命预测曲线图如图 6.13 所示。

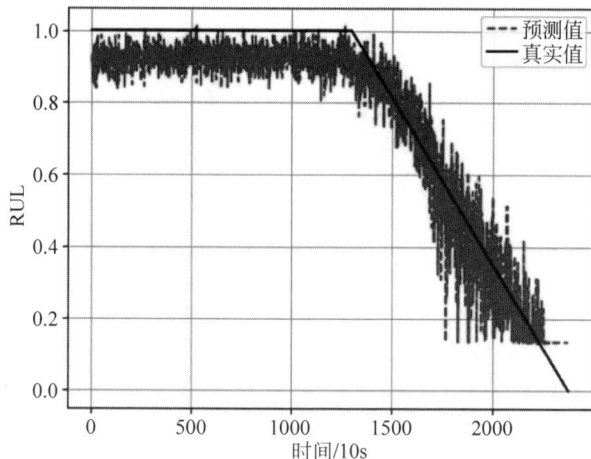

图 6.13　SVR 剩余寿命预测曲线图

MLP 剩余寿命预测曲线图如图 6.14 所示。

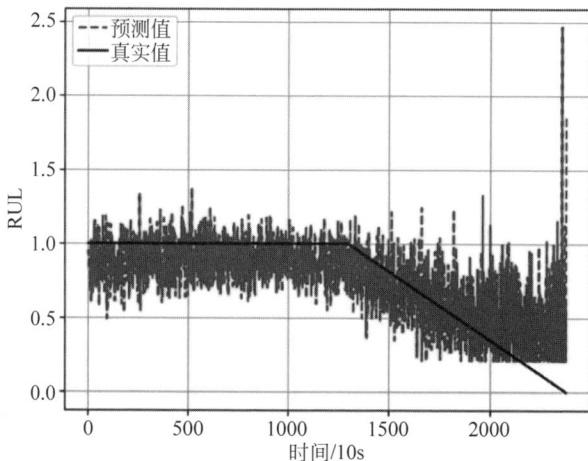

图 6.14　MLP 剩余寿命预测曲线图

BiGRU 剩余寿命预测曲线图如图 6.15 所示。

PGRU 框架剩余寿命预测曲线图如图 6.16 所示。

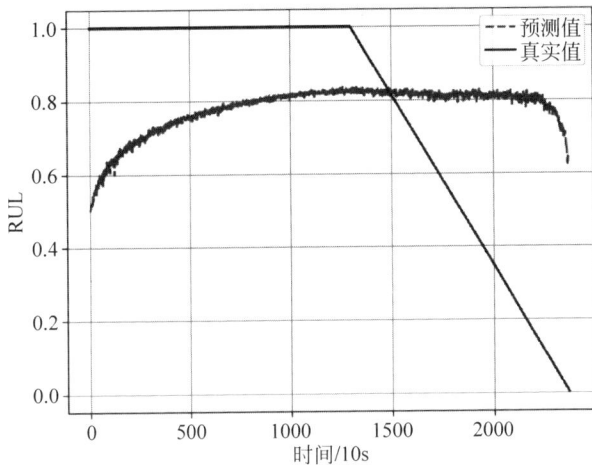

图 6.15 BiGRU 剩余寿命预测曲线图

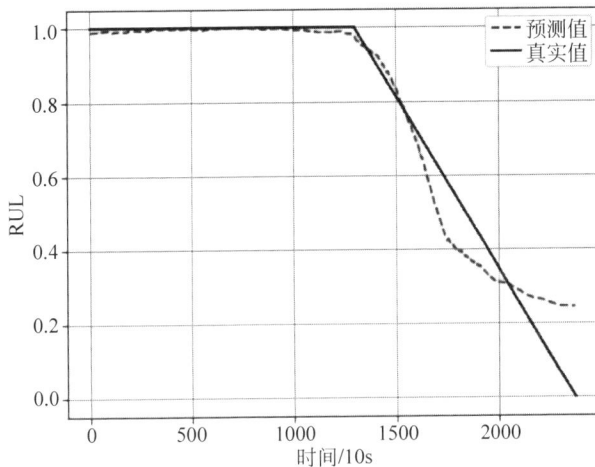

图 6.16 PGRU 框架剩余寿命预测曲线图

PBiGRU 框架剩余寿命预测曲线图如图 6.17 所示。

从实验结果可以看出,与 SVR、MLP 两种机器学习模型和 BiGRU、GRU 两种深度学习模型的对比,PBiGRU 模型框架展现了较为良好的指标效果,剩余寿命预测曲线与真实曲线最为接近,显示了本模型框架与传统机器学习及深度学习模型对比具有一定优势。

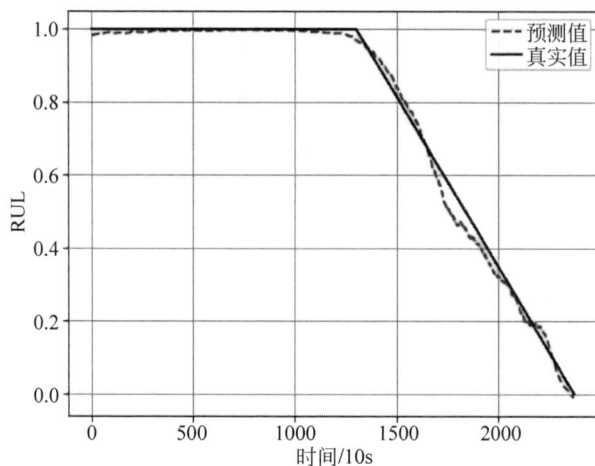

图 6.17　PBiGRU 框架剩余寿命预测曲线图

基于多尺度堆叠深度残差
收缩网络的轴承寿命预测

本章提出一种基于多尺度堆叠深度残差收缩网络与 Stacking 算法的集成学习轴承寿命预测方法。该方法利用多个学习器的集成,完成学习任务。与单一学习器相比,这种集成学习方法通常能够取得更好的学习效果和泛化性能。具体而言,本章详细阐述了基于集成学习的轴承寿命预测方法,包括该方法的工作原理与寿命预测网络结构,以及构建该预测模型的方法和流程,结合法国 FEMTO-ST 研究所提供的 PRONOSTIA 轴承数据集,完成基于集成学习的轴承寿命预测模型实验。

7.1 基于集成学习的轴承寿命预测原理

7.1.1 集成学习方法与 Stacking 算法

由于传统单一学习模型受模型本身的影响导致训练效果上限较低,从而提出了集成学习以避免单一模型提取特征较为片面的问题。集成学习是一种技术框架,按照不同的思路来组合基础模型从而达到更好的目的。其本质是通过构建多个个体学习器和一定的结合策略获得比单一学习器更优越的强学习器来完成任务。

集成学习有很多种模型,如 Boosting、Bagging、Stacking 等模型。Boosting 算法模型将多个弱学习器组合成一个强可学习器,尝试通过突出错分样本的方法,提高学习器准确度,减少偏差。Bagging 算法可与其他分类、回归算法结合,提高其准确率、稳定性的同时,通过降低结果的方差,避免过拟合的发生。

本章主要运用的 Stacking 算法通过构造多个学习模型的堆叠网络提高模型的预测结果,如果把单一模型的训练过程看作是从某一角度对训练集进行观察并得出结论,堆叠的多个个体学习器就是从多个角度对训练集进行观察并得出结论,对训练集的观察更加全面。Stacking 算法的具体过程为首先构建由多个基学习器组成的学习器组,将基学习器学习到的特征进行组合作为训练特征再送入下一级元学习器,最终由元学习器输出结果。

Stacking 结构如图 7.1 所示。

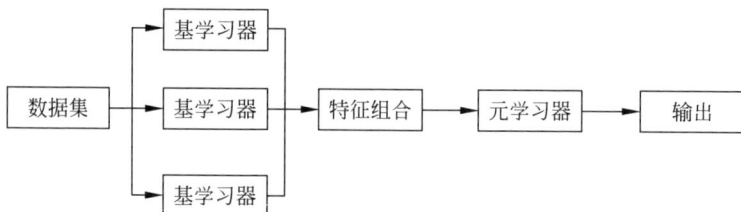

图 7.1　Stacking 结构

Stacking 算法流程如算法 7.1 所示。

算法 7.1　Stacking 算法流程

输入:训练集 $D = \{x_i, y_i\}_{i=1}^m$

输出:集成预测值 H

步骤 1:训练基学习器

  for t = 1 to T do

    learn h_t based on D

  end for

步骤 2:构建新数据集

  for i = 1 to m do

    $D_h = \{x_i', y_i\}$, where $x_i' = \{h_1(x_i), \cdots, h_T(x_i)\}$

  end for

步骤 3:训练元学习器

  learn H based on D_h

  return H

7.1.2 基于 Stacking 算法的轴承寿命预测流程及算法

基于 Stacking 算法的轴承寿命预测最大的优点就在于有效利用了 Stacking 集成学习框架从多角度观察数据特征,将基学习器学习结果融合在元学习器中,从而提高预测结果,大大提高了网络结构预测的准确率。

基于 Stacking 算法的轴承寿命预测流程如图 7.2 所示。

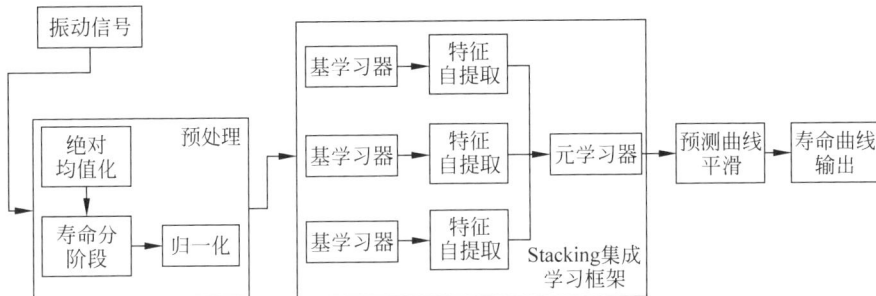

图 7.2 基于 Stacking 算法的轴承寿命预测流程图

模型在接收到振动信号后要先进行信号预处理,对振动信号进行绝对均值化操作从而对轴承剩余寿命划分阶段,之后再进行归一化处理。数据预处理结束后,每个基学习器都会学习原数据并对原数据进行输出,然后通过特征自提取将这几个模型的输出按照列的方式堆叠成元学习器。经过 Stacking 集成学习模型处理后,再对其预测曲线进行平滑操作,最终输出轴承寿命预测曲线。

MSDRSN 模型构建算法如算法 7.2 所示。

算法 7.2 MSDRSN 模型构建算法

输入:训练集 $D = \{x_i, y_i\}_{i=1}^m$
输出:集成预测值 H
步骤 1:数据预处理

```
for i = 1 to m do
  abs(mean(x_i))
end for
p = do CUSUM on x_i
for i = 1 to m do
  if i < p set y_i = 0
  else set y_i = m - i
               -----
               m - p
end for
normalization(x_i)
```

步骤 2：训练基学习器

```
for t = 1 to T do
    learn h_t based on D
end for
```

步骤 3：特征聚合

```
for i = 1 to m do
    D_h = { x'_i , y_i } , where x'_i = { h_1 ( x_i ) , ⋯ , h_T ( x_i ) }
end for
```

步骤 4：训练元学习器

```
    learn H based on D_h
```

步骤 5：曲线平滑

```
    smooth H
    return H
```

7.2　多尺度堆叠深度残差收缩网络的轴承寿命预测结构

在信号处理过程中，原始信号往往含有大量的噪声，对于深度学习算法自提取特征而言，噪声数据会极大地影响剩余寿命模型训练预测的效果。第 6 章提出的以 PBiGRU 神经网络作为训练模型对于处理序列数据有极为良好的效果，但是缺乏对数据中已存在噪声信息的处理。由此提出了多尺度堆叠深度残差收缩网络（Multiscale Stacking Deep Residual Shrinkage Network，MSDRSN）。

MSDRSN 是在 DRSN 的基础上结合 Stacking 集成学习理念所构建出来的多尺度堆叠深度残差收缩网络。其中 DRSN 是深度残差网络（Deep Residual Network，ResNet）的一种新型改进，它将软阈值化作为非线性层引入 ResNet 的网络结构，并且结合注意力机制使得模型可以自动学习软阈值的阈值信息。MSDRSN 用多种卷积核尺度的 DRSN 作为基学习器，用全连接神经网络作为元学习器进行特征聚合，其本质是将多种尺度的 DRSN 网络作为特征提取器，在获得抗噪声能力的同时，提取多种信号特征，提高信号利用率，从而提高训练效果。另外，以横向的扩展代替网络层数的纵向加深，也在一定程度上减少参数的增加，避免梯度爆炸和梯度消失的发生。

MSDRSN 模型网络结构主要由卷积层、残差收缩模块、池化层组成，在此基础上再融合 Stacking 的集成学习框架，成为一种新型网络模型。MSDRSN 网络结构如图 7.3 所示。

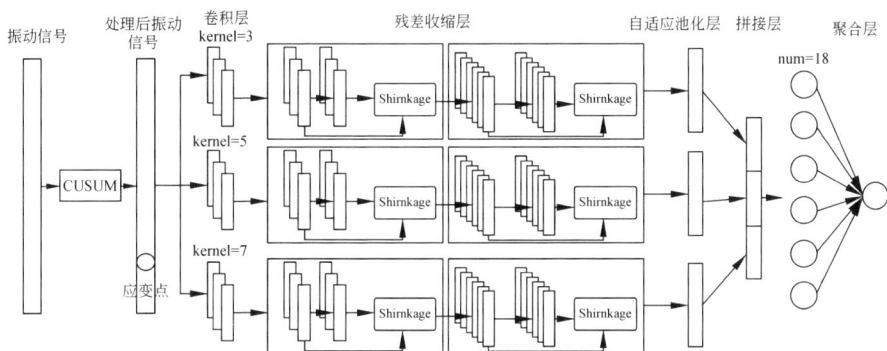

图 7.3　MSDRSN 网络图

（1）卷积层——特征预提取。

首先在卷积层中使用一维卷积核对振动信号进行信号处理，提取振动信号的浅层特征，为下一步深层特征的提取打下基础，同时在本层设置填充以避免损失边界特征。在本层完成特征预提取后将数据输入下一层网络进行深层特征提取。

（2）残差收缩模块——特征提取与降噪。

深度残差网络与普通卷积神经网络最大的不同就在于恒等映射，其可以缓解由深度增加带来的梯度消失的问题，同时通过堆叠极多的模块来提高准确率。而深度残差收缩网络又在深度残差网络的基础上引入了软阈值化和注意力机制，深度残差收缩网络本身是由多个基本残差收缩块堆叠而成的，软阈值化和注意力机制的引入使得网络拥有了自主学习阈值降噪的能力。基本残差收缩块的结构如图 7.4 所示。

其中 $C \times W \times 1$ 表示通道数为 C、宽度为 W、高为 1 的特征图，K 表示卷积层中卷积核的个数，图中 K 与输入特征图的通道数 C 相等。一个残差模块可以包含两个批标准化（Batch Normalization，BN）、两个整流线性单元激活函数（Rectifier Linear Unit Activation Function，ReLU）、两个卷积层（Convolutional Layer，Conv）和恒等映射。

收缩模块对应基本残差收缩块中的软阈值学习，深度残差收缩网络将软阈值作为一个非线性转换层插入基本残差块中，以此去除与噪声相关的特征。软阈值化是信号处理中常用的降噪算法，将绝对值低于某个阈值的特征置为零，将其他特征也朝着零进行调整，也就是收缩。在这里，阈值是

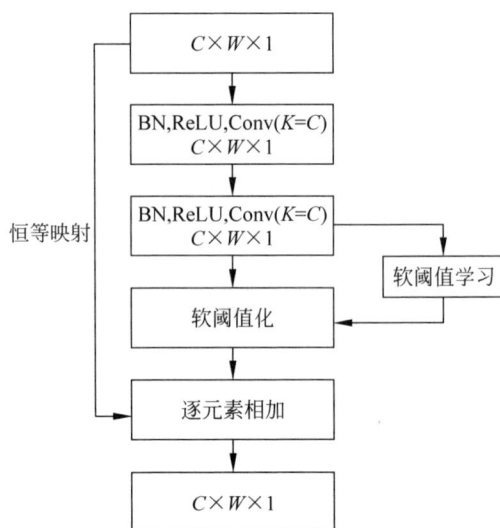

图 7.4　基本残差收缩模块的结构

一个需要预先设置的参数,其取值大小对于降噪的结果有着直接的影响。软阈值化的公式如式(7.1)所示。

$$y = \begin{cases} x - \tau\,(x > \tau) \\ 0\,(-\tau \leqslant x \leqslant \tau) \\ x + \tau\,(x < -\tau) \end{cases} \tag{7.1}$$

式中,x 是表示输入特征,y 表示输出特征,τ 表示阈值。在这里需要注意,阈值要为正数,并且不能太大,否则可能导致将所有输入特征都映射为 0,从而使阈值失去了意义。阈值函数如图 7.5 所示。

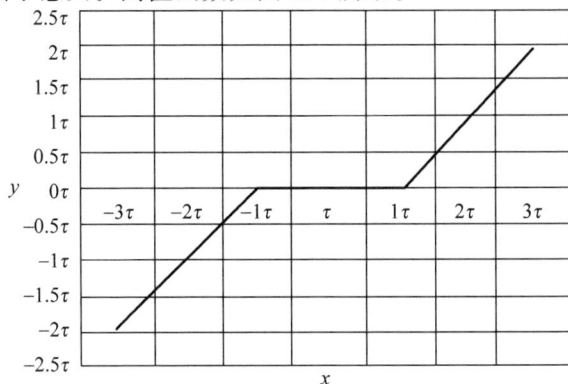

图 7.5　阈值函数

由软阈值结合注意力机制构造的收缩模块使网络自动学习阈值，针对不同样本的不同噪声，有更好的过滤效果。该层网络自动提取上层网络传输数据的特征，并自动学习阈值进行降噪处理，处理后将数据传入下一层网络。收缩模块的结构如图 7.6 所示。

其中，GAP 表示全局均值池化层（Golbal Average Pooling）、FC 表示全连接输出层（Fully Connected Layer）、RBUs 表示残差模块、BN 表示批标准化、ReLU 为激活函数。

（3）自适应池化层——数据降维。

池化层主要起到下行采样的作用，可以减

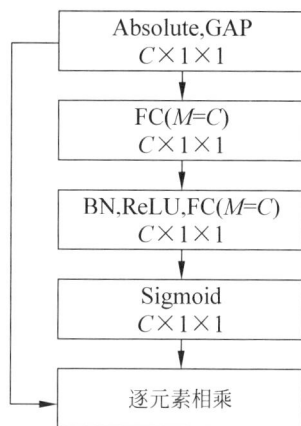

图 7.6　收缩模块的结构

小特征图的大小，减少 CNN 网络中的参数个数，提高网络的训练速度。在深度神经网络中，随着网络层数的加深，参数个数随之增加，网络学习变得更加困难，也会增加梯度爆炸和梯度消失的风险。所以在池化层模块中自适应池化层主要起到下采样的作用，可以减小特征图的大小和 CNN 网络中的参数个数，对上层网络传输的特征图进行采样，以降低此类风险。本模型采用的自适应池化层，在确定了输出特征尺寸后，可以根据上层网络传输的数据自动调整参数大小以使输出满足设定尺寸，无须在上层网络做复杂的尺寸计算设计，而是交由网络进行计算让其自动完成。本层网络接受上一层网络传输的信息，按设定好的输出尺寸进行自动下采样操作，使本层输出数据尺寸符合设计值，把数据输出至下一层网络。

（4）拼接和全连接层——特征聚合再学习。

拼接和全连接层模块主要负责将上层网络传递的特征信息进行聚合和训练，本层相当于 Stacking 模型架构中的元学习器。将特征信息在本层进行拼接后，作为样本信息送入全连接层进行特征训练，最后输出结果。

7.3　多尺度堆叠深度残差收缩网络的轴承寿命预测模型实验

7.3.1　轴承寿命预测数据源

为了验证本文所提出的 MSDRSN 模型的可行性和有效性，我们采用了法国 PRONOSTIA 轴承数据集的第一种工况，负载情况为 1800r/min 和

4000N。以 Bearing1_1、Bearing1_2 数据集作为训练集,Bearing1_3 数据集作为测试集,其中 Bearing1_1 样本数为 2803,Bearing1_2 样本数为 871,Bearing1_3 样本数为 2375,特征值均为振动加速度。选择的理由是这 3 个数据集的衰退期较长,可以学到更多信息。

7.3.2　轴承寿命预测模型构建流程

对于 MSDRSN 模型而言,残差收缩模块的层数和模型学习率是最重要的两项参数,前者影响模型特征提取效果和预测结果上限,后者影响模型收敛速度和最终能否收敛。MSDRSN 模型构建流程如图 7.7 所示。

7.3.3　轴承寿命预测模型构建实验

1. 不同基本残差块层数模型对比实验

基本残差块层数是影响 MSDRSN 网络的最大因素。模型结构验证部分对比了不同基本残差块层数的 MSDRSN 训练效果,并确定了实验的最优网络层数。实验设置卷积层卷积核尺寸分别为 3、5、7;基本残差块卷积核尺寸为 3、5、7;均值池化层输出尺寸为 18;聚合层为 2 层,每层神经元个数分别为 18、1;对比项基本残差块层数分别为 1、2、3、4、5。对比实验结果如图 7.8 所示。

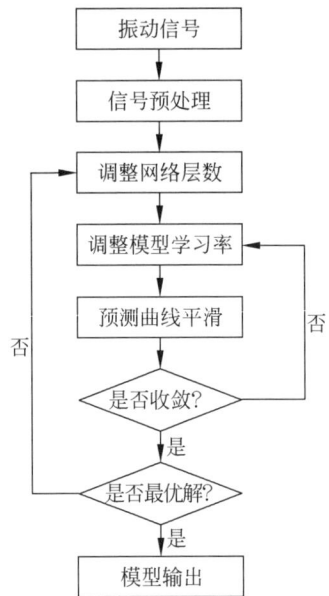

图 7.7　MSDRSN 模型构建流程

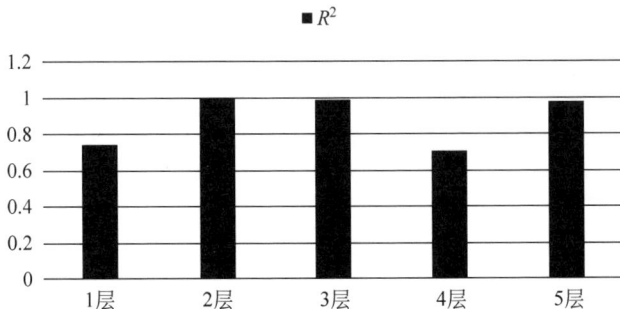

图 7.8　基本残差块层数对比实验结果

由实验可以得出,当基本残差块层数设置为 2 和 3 时,模型训练结果相似,但设置为 2 时训练效果更好,故 MSDRSN 基本残差块层数设置为 2 层最好。

2. 不同学习率模型对比实验

学习率的设置对 MSDRSN 同样有着重要影响,过高的学习率会导致模型无法收敛而过低的学习率又会导致模型收敛缓慢,对不同学习率损失的最优值进行对比,以确定最优学习率。进行对比的学习率分别为 0.001、0.0001、0.000 01、0.000 001、0.000 000 1。对比实验结果如图 7.9 所示。

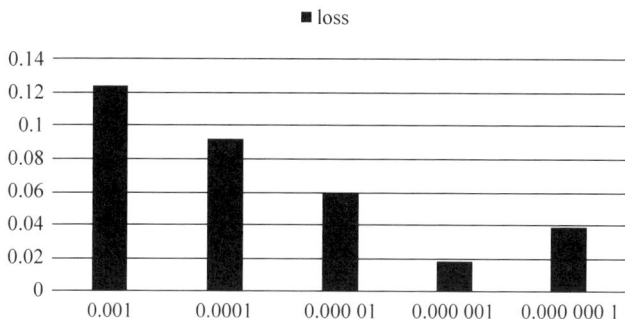

图 7.9　不同学习率损失对比实验图

由实验可以得出,当学习率设置为 0.000 001 时,损失值最小,模型训练结果最好,故 MSDRSN 学习率最优设置为 0.000 001。

7.3.4　轴承寿命预测模型验证对比实验

将框架整体应用于滚动轴承剩余寿命预测模型验证实验,与其他常规机器学习模型和深度学习模型如多尺度 CNN、DRSN、PBiGRU 和 MSDRSN 进行对比实验,以验证模型的可行性和有效性。

根据 SNR 信噪比公式对 Bearing1_1、Bearing1_2、Bearing1_3 进行加噪处理,加入 4dB 的噪声,以此验证 MSDRSN 模型在处理噪声上的先进性,再将 MSDRSN 与多尺度 CNN、DRSN、PBiGRU 模型在噪声数据上进行对比。SNR 公式如下。

$$\text{SNR(dB)} = 10\log_{10}(P_{\text{signal}}/P_{\text{noise}}) \tag{7.2}$$

实验采用 MSE(Mean Square Error)、MAE(Mean Absolute Error)、R^2 三种评价指标,公式分别如下:

$$\text{MSE} = \frac{1}{m}\sum_{i=1}^{m}(y_i - \hat{y}_i)^2 \tag{7.3}$$

$$\text{MAE} = \frac{1}{m} \sum_{i=1}^{m} |y_i - \hat{y}_i| \tag{7.4}$$

$$R^2 = 1 - \frac{\sum (y_i - \hat{y})^2}{\sum (y_i - \bar{y})^2} \tag{7.5}$$

多尺度 CNN、DRSN、PBiGRU、MSDRSN 在噪声条件下的 MSE、MAE、R^2 指标对比图如图 7.10 所示。

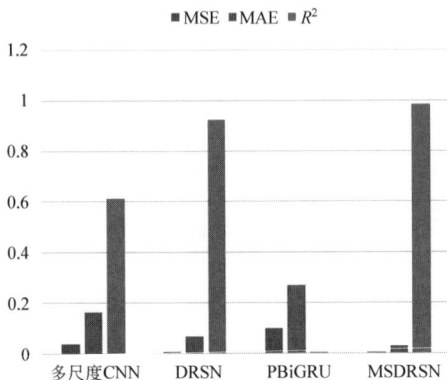

图 7.10　噪声下模型实验数值对比图

由实验结果得出，MSDRSN 的 MSE、MAE 指标最小，表示其模型的预测误差最小，R^2 指标最大，表示其模型的预测结果拟合度最好。

噪声下多尺度 CNN 剩余寿命预测曲线图如图 7.11 所示。

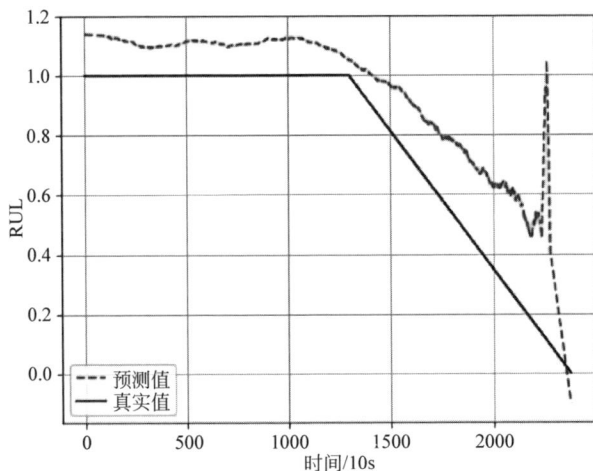

图 7.11　噪声下多尺度 CNN 剩余寿命预测曲线图

噪声下 DRSN 剩余寿命预测曲线图如图 7.12 所示。

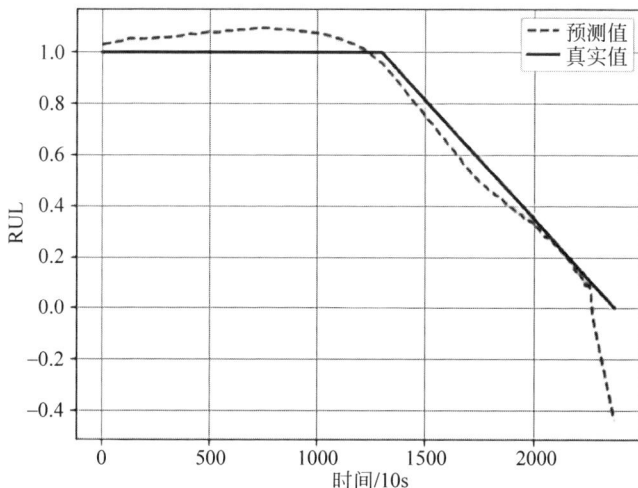

图 7.12 噪声下 DRSN 剩余寿命预测曲线图

噪声下 PBiGRU 剩余寿命预测曲线图如图 7.13 所示。

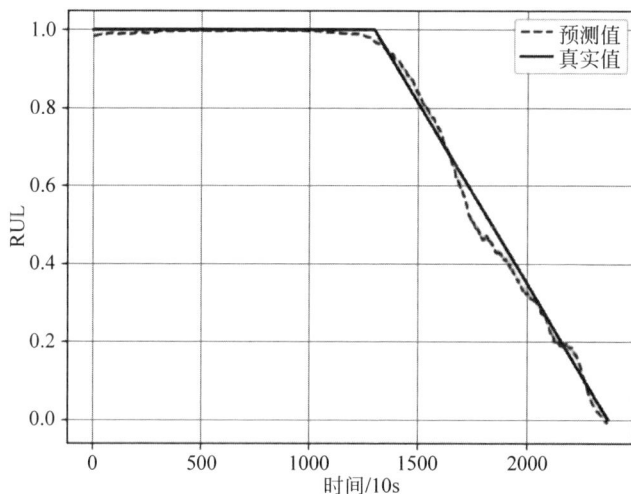

图 7.13 噪声下 PBiGRU 剩余寿命预测曲线图

噪声下 MSDRSN 剩余寿命预测曲线图如图 7.14 所示。

由对比实验可得出结论,MSDRSN 轴承剩余寿命预测模型在噪声数据下优于传统的多尺度 CNN 模型、改进前的 DRSN 模型、PBiGRU 模型,证明了 MSDRSN 模型抗噪声能力的先进性。

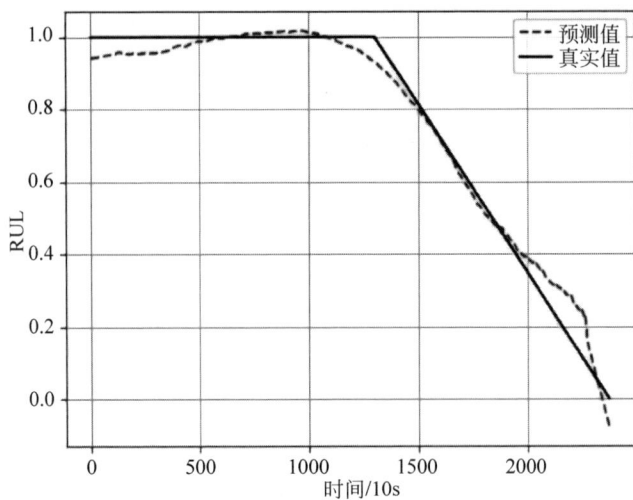

图 7.14　噪声下 MSDRSN 剩余寿命预测曲线图

变负载下的轴承寿命预测

变负载寿命预测是指根据轴承在实际运行中所受的不同工况影响，通过对其工作条件进行分析和评估，预测轴承在不同变化负载下的使用寿命。这种寿命预测的目的是帮助用户了解轴承在各种工况下的可靠性和性能表现，以便采取适当的维护措施或优化设计。针对这一问题，本章提出一种基于变负载的轴承寿命预测方法，具体包括基于变负载轴承寿命预测网络结构和一种基于 KL 散度信息增益（Kullback-Leibler Information Criterion，KLIC）KLIC 和皮尔逊相关系数（Pearson Correlation Coefficient，PPMCC）的轴承寿命预测方法，基于变负载轴承寿命预测模型构建流程与构建算法，并结合美国 IMS 滚动轴承数据集和法国 PRONOSTIA 滚动轴承数据集，完成基于变负载下的轴承寿命预测模型构建实验与模型验证实验。

8.1 变负载下的轴承寿命预测原理

8.1.1 变负载下的轴承寿命预测方法

基于变负载的预测方法通常包括以下几个步骤。

（1）数据采集：采集轴承在不同负载下的相关数据，这些数据可以来自传感器、监测设备或历史记录。例如，压力、转速等参数可以被实时或离线地采集。

（2）特征提取：从采集到的轴承数据中提取有意义的特征，用于描述轴承的工作状态。这些特征可能包括最大负载、平均转速、温度变化率等。一般通过信号处理和统计分析等方法进行特征提取。

（3）寿命模型建立：根据已知的轴承寿命数据和工况特征，建立一个寿命模型。这个模型可以是经验公式、统计模型或基于滚动接触疲劳理论的数学模型。模型的选择通常依赖具体应用和可用的数据。模型可以借助机器学习等技术进行优化和训练。

（4）寿命预测：利用建立好的寿命模型，将轴承的工况特征输入模型，预测轴承在当前工况下的寿命。模型根据特征与寿命之间的关系进行计算，生成对应的寿命预测结果。

（5）结果分析和输出：对寿命预测结果进行分析和解读，评估轴承的可靠性，并给出相应的建议或决策支持。这些结果可以是轴承剩余寿命、可用性评估、故障预警等。

基于上述思想，设计出面向变负载下的滚动轴承剩余寿命预测方法流程，如图 8.1 所示。

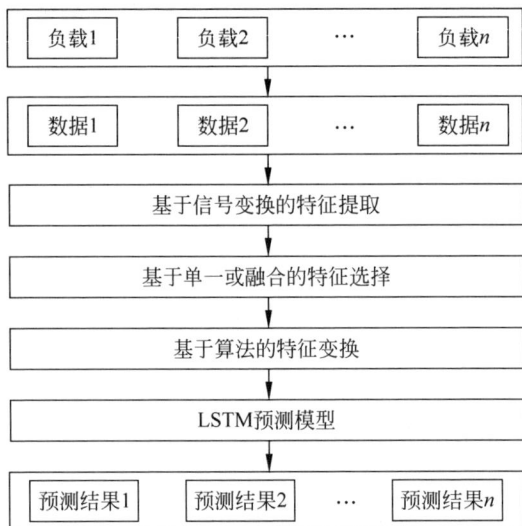

图 8.1　变负载下的滚动轴承剩余寿命预测方法流程

需要注意的是，变负载下的轴承寿命预测是一个复杂的任务，涉及多个因素的综合考虑和分析。准确的预测结果需要充分的数据支持、合适的寿命模型选择以及有效的特征提取和分析方法。此外，为了提高预测的准确性，还可以结合轴承的实时监测数据进行在线更新和修正。

8.1.2　一种基于 KLIC 和 PPMCC 的轴承寿命预测方法

本节提出了基于 KL 散度信息增益和皮尔逊相关系数的寿命预测方法，从信息增益和特征之间的相关度两个方面考虑，定义特征选择的指标，然后将选出的每个特征送入 LSTM 网络，确定每个特征的最后权重以选择最后的特征集合。通过本节提出的特征选择方法选出的特征集合，既相对于标签有较高的信息度，又降低了特征信息之间的相关度，防止了特征之间信息的冗余。

特征选择流程图如图 8.2 所示，具体步骤如下。

（1）通过单调信息增益度设置阈值为 d，选取 r 个特征 $\{\alpha_1, \alpha_2, \cdots, \alpha_r\}$ 记作特征集合 A，剩下的 $29-r$ 个特征 $\{\lambda_{r+1}, \lambda_{r+2}, \cdots, \lambda_{29}\}$ 记作特征集合 W。

（2）计算特征集合 W 中的每个特征与时间维度的皮尔逊相关系数的绝对值，设阈值为 f，选出符合条件的特征组成集合 $\hat{W} = \{\lambda_{r+1}, \lambda_{r+2}, \cdots, \lambda_g\}$。

（3）分别计算特征集合 $\hat{W}$ 中的每个特征与特征集合 A 中的所有特征两两之间的皮尔逊相关系数，得到 $29-r$ 个相关系数的集合 $\{\{P_{r+1,1}, P_{r+1,2}, \cdots, P_{r+1,r}\}, \{P_{r+2,1}, P_{r+2,2}, \cdots, P_{r+2,r}\}, \cdots, \{P_{g,1}, P_{g,2}, \cdots, P_{g,r}\}\}$，取每个集合的均值得 $\{P_{r+1}, P_{r+2}, \cdots, P_g\}$，对其进行归一化处理再取倒数得集合 $\{\hat{P}_{r+1}, \hat{P}_{r+2}, \cdots, \hat{P}_g\}$，将其作为信息相关系数指标，设阈值为 e，选出符合条件的特征组成集合 $\hat{P}$。

（4）将第一步选出的集合 A 与第二步选出的集合 $\hat{P}$ 分别输入 LSTM 模型，根据其预测的 RMSE 值来确定其权重 μ、γ，并对集合 A 与集合 $\hat{P}$ 进行加权处理。

$$\mu = \frac{\dfrac{1}{\mathrm{RMSE}_{\hat{P}}}}{\dfrac{1}{\mathrm{RMSE}_{\hat{P}}} + \dfrac{1}{\mathrm{RMSE}_A}}, \quad \gamma = \frac{\dfrac{1}{\mathrm{RMSE}_A}}{\dfrac{1}{\mathrm{RMSE}_{\hat{P}}} + \dfrac{1}{\mathrm{RMSE}_A}} \tag{8.1}$$

$$B = \mu A + \gamma \hat{P} \tag{8.2}$$

（5）将重组后的特征使用主成分分析法（Principal Component Analysis，PCA）进行降维处理，得到最终的特征集合，设为 C。

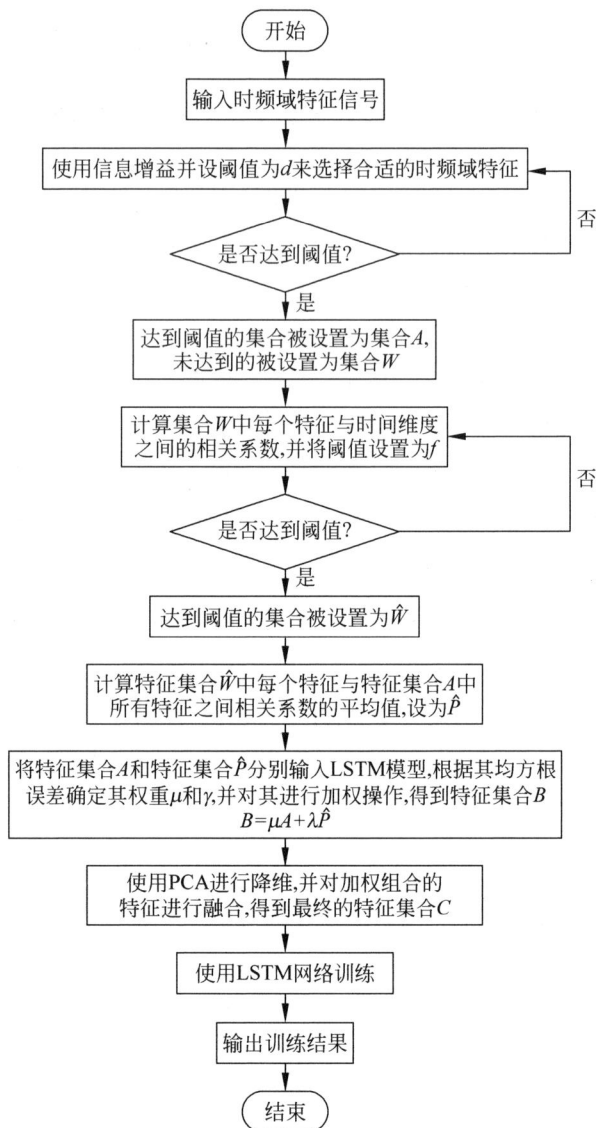

图 8.2　基于 KLIC 和 PPMCC 的滚动轴承特征选择流程图

　　特征的正确选择对预测滚动轴承的剩余寿命起着至关重要的作用。利用 KLIC 和 PPMCC 实现多尺度时间状态特征选择，可以综合考虑特征信息的正确性和完备性。

8.2 变负载下轴承寿命预测模型的构建

8.2.1 变负载下轴承寿命预测模型的构建流程

针对基于变负载的滚动轴承剩余使用寿命预测的研究,首先需要对不同负载下的振动信号数据做统一的预处理。然后,通过基于信号变换的方法提取滚动轴承振动信号的时频域特征集合,再将这些特征集合使用同一特征变换方法,得到能够反映轴承退化信息且具有高泛化能力的特征集合。最后,将这些特征集合用于 LSTM 模型完成对剩余使用寿命的预测。基于上述思想,设计出面向变负载下的滚动轴承剩余使用寿命预测流程图,如图 8.3 所示。

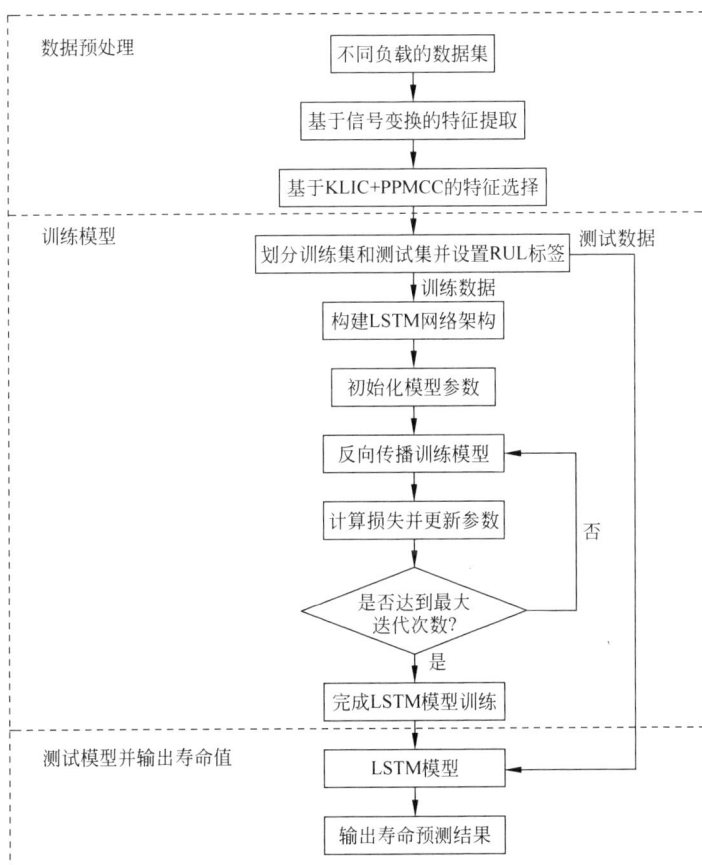

图 8.3 变负载下的滚动轴承剩余使用寿命预测流程图

8.2.2 变负载下轴承寿命预测模型的构建算法

本节提出的变负载下轴承寿命预测模型的构建算法如下所示。

算法 8.1 变负载下轴承寿命预测模型的构建算法

输入：不同负载下的轴承振动信号子数据集 $X_i(i=1,2,3)$，输入维度 N_{in}，输出维度
N_{out}，迭代次数 E，学习率 L，网络层数 H

输出：不同负载下 LSTM 模型的寿命预测结果

方法：

   1. 特征提取，并绘制时频域特征信号可视化曲线

   2. 使用所提 KLIC+PPMCC 方法进行特征选择

   3. 使用 PCA 对所选特征进行特征融合

   4. 通过实验结果不断调整模型参数

While 测试集结果仍可以提升 do

调整卷积核尺寸、学习率及 Epochs 值等

    For batch do

    计算 MSE 损失函数：$\text{Loss} = \dfrac{\sum\limits_{i=1}^{n}(y_{\text{real}} - y_{\text{predict}})^2}{n}$，结合损失函数值，

    使用 Adam 优化器更新模型参数

    While 达到最大迭代次数 do

Return 不同负载下的寿命预测结果及评价指标

8.3 基于变负载的轴承寿命预测模型实验

8.3.1 变负载轴承寿命预测数据源

变负载轴承寿命预测采用法国的 PRONOSTIA 实验平台提供的
FEMTO-ST 滚动轴承数据集。该数据集中有 3 种不同运转状态（转速
和负载力）的数据：第一种情况的转速和负载力分别为 1800r/min 和
4000N；第二种情况分别是 1650r/min 和 4200N；第三种情况分别为
1500r/min 和 5000N。本节选用负载 1 和负载 3 下的数据集，分别使用
LSTM 模型来进一步验证本书所提出的基于 KLIC 和 PPMCC 的特征选
择方法的优越性。

8.3.2　变负载轴承寿命预测模型实验

1. 初始退化点定位实验

为了确定滚动轴承故障的起始点，以负载 1 和负载 3 中的 Bearing1_1 和 Bearing3_1 为例，其全寿命周期振动信号如图 8.4 和图 8.5 所示。滚动轴承退化过程包括两个截然不同的阶段，即正常运行阶段和退化阶段。使用基于 K-Means 聚类的滚动轴承健康状态划分方法确定滚动轴承的初始退化点，如图 8.6 和图 8.7 所示。从图中我们可以看出 Bearing1_1 和 Bearing3_1 的初始退化点分别为时间标签为 1793 的点和 489 的点，其中，纵坐标为加速度。表 8.1 为负载 1 和负载 3 下的滚动轴承初始退化点。

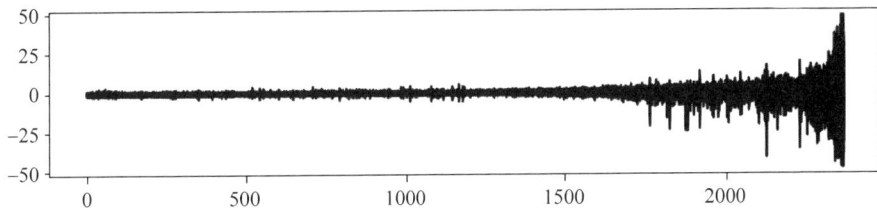

图 8.4　Bearing1_1 的全寿命周期振动信号

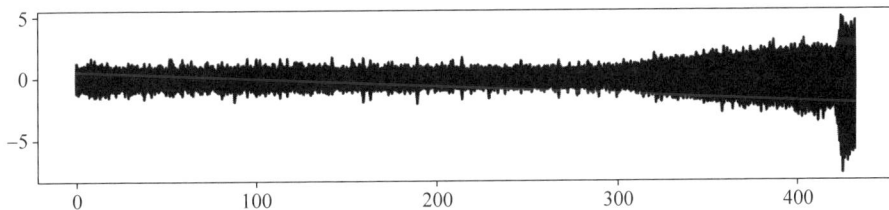

图 8.5　Bearing3_1 的全寿命周期振动信号

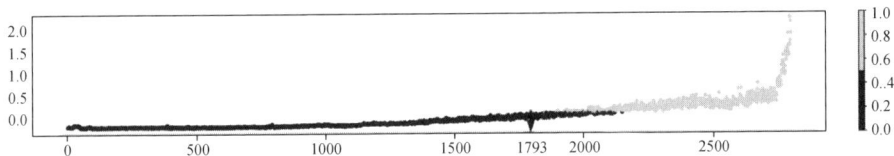

图 8.6　负载 1 下的初始退化点

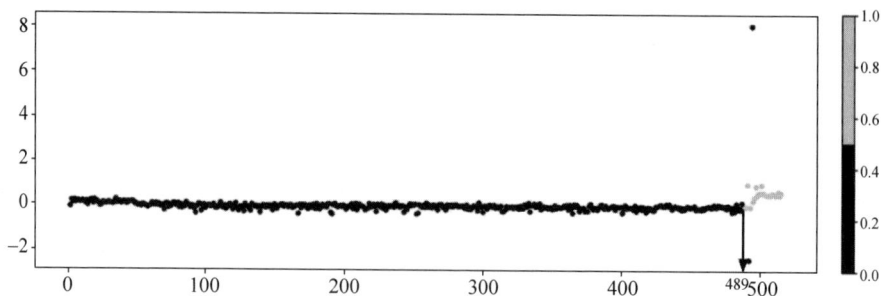

图 8.7　负载 3 下的初始退化点

表 8.1　负载 1 和负载 3 的滚动轴承初始退化点

	滚动轴承编号	初始退化点
负载 1	Bearing 1_1	1793
	Bearing 1_2	828
负载 3	Bearing 3_1	489
	Bearing 3_2	1437

2. 变负载下的不同特征选择方法对比实验

本实验选用 LSTM 网络来进一步的验证本书所提出的基于 KLIC 和 PPMCC 的特征选择方法的优越性,其中,LSTM 网络参数如表 8.2 所示,分别对比了单一特征 RMS 以及文献[40]安冬等所提出的方法选出的特征。

表 8.2　LSTM 的网络结构

输入维度	输出维度	隐藏层尺寸	层数	学习率	步长	批次尺寸
5	1	350	4	0.0006	80	30

图 8.8 和图 8.9 分别显示了在负载 1 和负载 3 下使用单一特征 RMS、安冬等所提出的方法以及基于 KLIC 和 PPMCC 的特征选择方法选出的特征的滚动轴承剩余使用寿命的预测结果图。从图中可以看出,使用本书提出的特征选择方法选出的特征集合相对于其他两种更能够准确地预测滚动轴承的剩余使用寿命。其中,RMSE、MAP、MAPE 的指标统计如表 8.3 和表 8.4 所示。

表 8.3　负载 1 不同的特征选择方法的预测结果

特征提取方法	单一特征 RMS	文献提出的方法	KLIC+PPMCC
RMSE	0.120	0.015	0.009
MAP	0.033	0.012	0.007
MAPE	0.183	0.877	0.156

表 8.4　负载 3 不同的特征选择方法的预测结果

特征提取方法	单一特征 RMS	文献提出的方法	KLIC+PPMCC
RMSE	0.017	0.012	0.004
MAP	0.073	0.013	0.002
MAPE	0.428	0.224	0.101

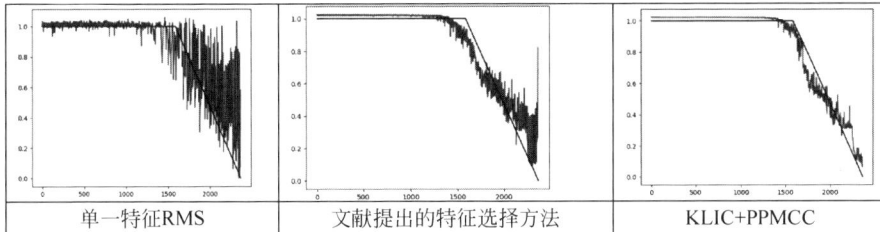

| 单一特征RMS | 文献提出的特征选择方法 | KLIC+PPMCC |

图 8.8　负载 1 下不同特征集合的滚动轴承 RUL 预测

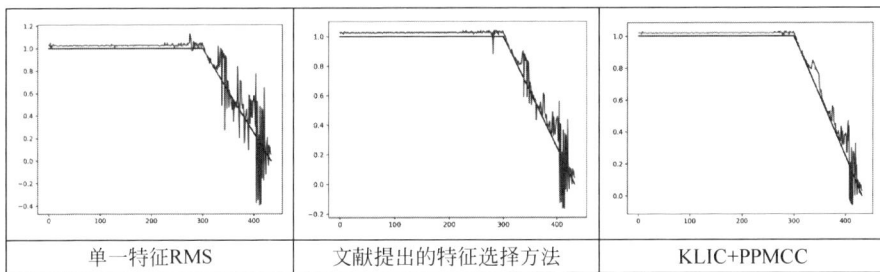

| 单一特征RMS | 文献提出的特征选择方法 | KLIC+PPMCC |

图 8.9　负载 3 下不同特征集合的滚动轴承 RUL 预测

分析上文的实验结果，相较于负载 1，文献所提出的方法和本书所提出的 KLIC+PPMCC 特征选择方法在负载 3 下的预测效果较好，而单一特征 RMS 在负载 1 下表现出较好的预测效果。从上文实验结果可以得出，在变负载的工况下使用基于 KLIC+PPMCC 的方法得到的特征集合与单一特征的方法得到的特征集合在滚动轴承剩余使用寿命预测中均表现出较好的特性。

基于Hadoop平台的轴承寿命预测

本章采用 Hadoop 大数据平台以及 TensorFlow 框架完成对轴承数据的分布式存储和并行计算,实现了大数据平台下的轴承剩余使用寿命预测。本章主要介绍了大数据平台 Hadoop 以及在此平台下的轴承寿命预测方法,包括 Hadoop 框架、Hadoop 分布式文件系统 HDFS、Hadoop 分布式计算 MapReduce、Hadoop 资源管理器 Yarn,并且基于该平台对轴承寿命预测框架进行了设计,用实验验证了使用 Hadoop 平台进行轴承寿命预测的可行性。

9.1 大数据 Hadoop 平台的核心构成

9.1.1 Hadoop 平台架构

Hadoop 是一个开源的分布式计算框架,它可以处理大量的数据,并且可以在廉价的硬件上运行。Hadoop 的核心是 Hadoop Distributed File System(HDFS),它是一个分布式文件系统,可以将大量的数据存储在一个分布式的环境中。Hadoop 提供了一个 MapReduce 编程模型,它可以让开发者以一种简单的方式处理大量的数据。Hadoop 还提供了一个可扩展的分布式计算框架,可以让开发者构建分布式应用程序。Hadoop 的优势在于它可以处理大量的数据,并且可以在廉价的硬件上运行,这使得它成为一个非常有用的工具。

Hadoop 平台分布式存储和并行计算架构如图 9.1 所示。

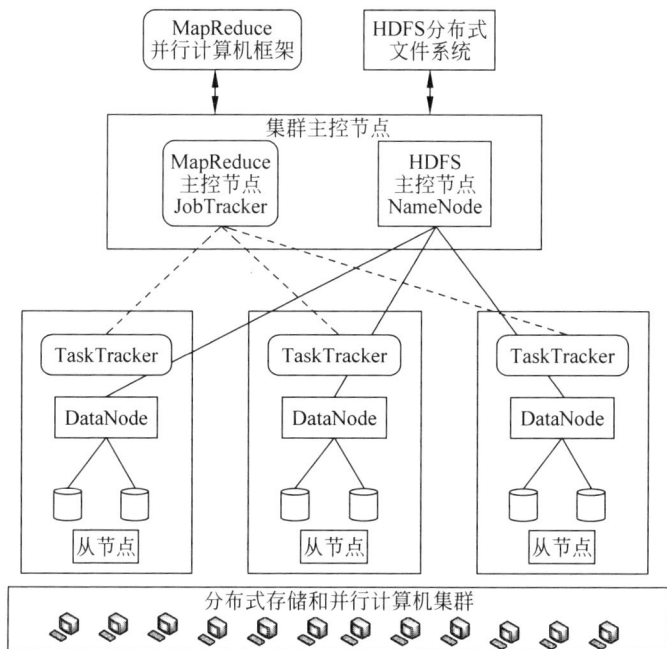

图 9.1 Hadoop 平台分布式存储和并行计算架构

Hadoop 采用主从式体系架构（Master/Slave）。主节点主要负责 Hadoop 两个关键功能模块 MapReduce、HDFS 的调度。NameNode 被称为名称节点，当 JobTracker 使用 MapReduce 进行监控和调度数据的并行处理时，它则负责 HDFS 的监视和调度。DataNode 被称为数据节点，它通过心跳机制与 NameNode 进行定时的通信。从节点负责了机器运行的绝大部分工作，担当所有数据存储和指令计算的苦差。每个从节点既扮演着数据节点的角色又充当与它们主节点通信的守护进程。守护进程隶属于 JobTracker，数据节点归属于名称节点。

Hadoop 由 HDFS、MapReduce 等成员组成，其中最基础、最重要的元素为底层用于存储集群中所有存储节点文件的文件系统 HDFS 和执行程序的 MapReduce 引擎。

（1）HDFS 是一个分布式文件系统，有着高容错的特点，适合那些超大数据集的应用程序；

（2）MapReduce 是一种编程模型，用于大规模数据集（大于 1TB）的并行运算。

9.1.2 Hadoop 分布式文件系统 HDFS

Hadoop 中用来存储数据的是 HDFS,它是一个分布式的文件系统,可以实现数据的分布式存储。HDFS 能提供高吞吐量的数据访问,适合处理有着超大数据集的应用程序。HDFS 的体系结构如图 9.2 所示。

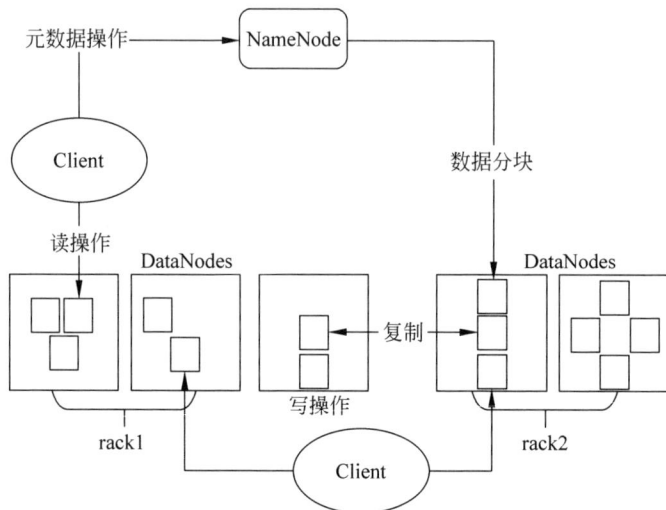

図 9.2 HDFS 的体系结构

HDFS 可以被广泛地部署于廉价的个人计算机上。它以流式访问模式访问应用程序的数据,大大提高了整个系统的数据吞吐量,因而非常适合用于具有超大数据集的应用程序。

一个典型的 HDFS 集群包含一个 NameNode 和多个 DataNode。NameNode 负责整个 HDFS 文件系统中文件元数据的保管和管理,集群中通常只有一台机器上运行 NameNode 实例,DataNode 保存文件中的数据,集群中的机器分别运行一个 DataNode 实例。

HDFS 中的文件在物理上是分块存储(Block)的,默认大小是 128MB,不足 128MB 则本身就是一块。块的大小可以通过配置参数来规定,参数位于 hdfs-default.xml 中:dfs.blocksize。文件的所有块都会有副本。副本系数可以在文件创建的时候指定,也可以在之后通过命令改变。副本数由参数 dfs.replication 控制,默认值是 3,也就是会额外再复制 2 份,连同本身总共 3 份。

在 HDFS 中，NameNode 管理的元数据具有两种类型：

（1）文件自身属性信息：文件名称、权限、修改时间、文件大小、复制因子、数据块大小。

（2）文件块位置映射信息：记录文件块和 DataNode 之间的映射信息，即哪个块位于哪个节点上。

HDFS 支持传统的层次型文件组织结构。用户可以创建目录，然后将文件保存在这些目录中。文件系统名字空间的层次结构和大多数现有文件系统类似，用户可以创建、删除、移动或重命名文件。NameNode 负责维护文件系统的 namespace（名称空间），任何对文件系统名称空间或属性的修改都将被 NameNode 记录下来。HDFS 会给客户端提供一个统一的抽象目录树，客户端通过路径来访问文件，形如 hdfs://namenode：port/dira/dir-b/dir-c/file.data。

9.1.3　Hadoop 分布式计算 MapReduce

MapReduce 是一种编程模型，用于大规模数据集的并行运算。Map（映射）和 Reduce（化简），采用分而治之思想，先把任务分发到集群多个节点上，并行计算，然后把计算结果合并，从而得到最终计算结果。多节点计算所涉及的任务调度、负载均衡、容错处理等，都由 MapReduce 框架完成，不需要编程人员考虑这些内容。

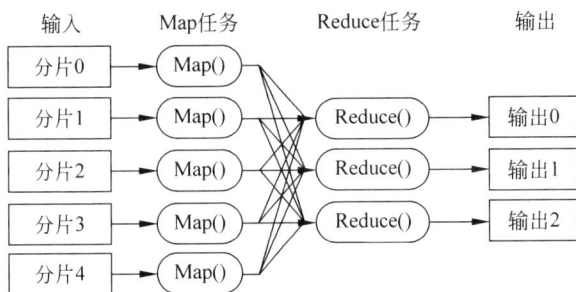

图 9.3　MapReduce 的工作原理

MapReduce 以批处理方式处理数据，适用于海量数据分析的非实时计算应用，但因其是基于硬盘实现的，所以运行速度受限于 I/O 操作。MapReduce 体系架构如图 9.4 所示。

Hadoop 的核心是 MapReduce，而 MapReduce 的核心又在于 Map 和 Reduce 函数。它们是交给用户实现的，这两个函数定义了任务本身。

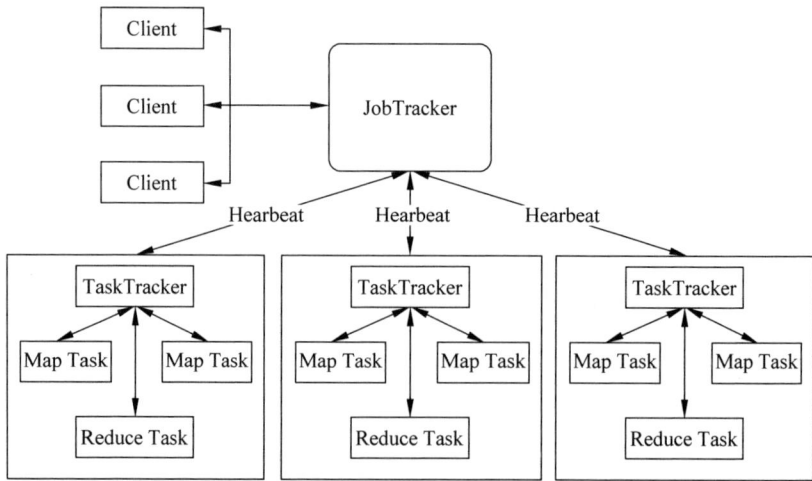

图 9.4　MapReduce 体系架构

Map 函数：接受一个键值对（Key-Value Pair），产生一组中间键值对。Map/Reduce 框架会将 Map 函数产生的中间键值对里键相同的值传递给一个 Reduce 函数。

Reduce 函数：接受一个键，以及相关的一组值，将这组值进行合并产生一组规模更小的值（通常只有一个或零个值）。

但是，Map/Reduce 并不是万能的，适用于 Map/Reduce 计算有以下两个先提条件：

（1）待处理的数据集可以分解成许多小的数据集；

（2）而且每个小数据集都可以完全并行地进行处理。

若不满足以上两条中的任意一条，则不适合 Map/Reduce 模式。

MapReduce 的处理过程：用户提交任务给 JobTracker，JobTracker 把对应的用户程序中的 Map 操作和 Reduce 操作映射至 TaskTracker 节点；输入模块负责把输入数据分成小数据块，然后把它们传给 Map 节点；Map 节点得到每个 Key/Value 对，处理后产生一个或多个 Key/Value 对，然后写入文件；Reduce 节点获取临时文件中的数据，对带有相同 Key 的数据进行迭代计算，把最终结果写入文件。

9.1.4　Hadoop 资源管理器 YARN

YARN 的全称是 Yet Another Resource Negotiator，意思是"另一种资

源调度器"。Hadoop 2.0 新引入的资源管理系统是直接从 MapReduce 演化而来的。在早期 Hadoop 1.0 的架构中，MapReduce 的 JobTracker 担负了太多的责任，接收任务是它，资源调度是它，监控 TaskTracker 运行情况还是它。这样实现的好处是比较简单，但相对容易出现一些问题，比如常见的单点故障问题。要解决这些问题，只能将 JobTracker 进行拆分，将其中部分功能拆解出来。于是 Hadoop 在 1.0 到 2.0 的升级过程中，便将 JobTracker 的资源调度工作独立了出来。而这个独立出来的资源管理框架，就是YARN。YARN 是 Hadoop 的资源管理器，它可以支持大量的数据处理，并且可以支持高吞吐量的数据处理。YARN 是一个分布式资源管理器，它可以将大量的数据分布到多台机器上，并且可以在多台机器上进行并行计算。YARN 还提供了一个可扩展的应用程序框架，可以让开发者构建分布式应用程序。

　　YARN 的核心思想是将 JobTracker 资源管理和 Job 的调度/监控进行分离，分别由 ResourceManager 和 ApplicationMaster 进程来实现。

　　YARN 的主要思路是将 MapReduce 中的 JobTracker 细分为两部分：第一部分是 ResourceManager，主要用于管理系统资源；第二部分是ApplicationMaster，它是针对单个应用程序的管理，每个程序都有各自的ApplicationMaster。YARN 的框架原理以及运行机制如图 9.5 所示。

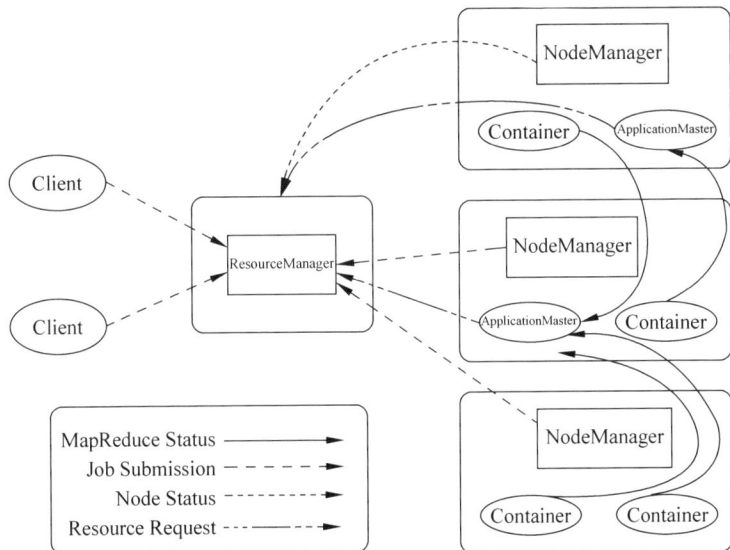

图 9.5　YARN 的框架原理以及运行机制

　　YARN 中的核心是 ResourceManager，它是主节点。当用户提交一个任务的时候，执行该任务需要花费的资源由 ResourceManager 来进行分配，之后通过 NodeManager 来开辟运算资源，NodeManager 是从节点，它负责创建 Map Task 容器，可以运行多个 Map Task 任务。ResourceManager 还与 ApplicationMaster 一起分配资源，与 NodeManager 一起启动和监视它们的基础应用程序。

　　当用户向 YARN 中提交一个应用程序后，YARN 将分两个阶段运行该应用程序：

　　第一个阶段，客户端申请资源，启动运行本次程序的 ApplicationMaster；

　　第二个阶段，由 ApplicationMaster 根据本次程序内部的具体情况，为它申请资源，并监控它的整个运行过程，直到运行完成。

　　MapReduce 提交 YARN 交互流程：

　　第 1 步，用户向 YARN 中的 ResourceManager 提交应用程序（比如 hadoop jar 提交 MapReduce 程序）。

　　第 2 步，ResourceManager 为该应用程序分配第一个 Container（容器），并与对应的 NodeManager 通信，要求它在这个 Container 中启动这个应用程序的 ApplicationMaster。

　　第 3 步，ApplicationMaster 启动成功之后，向 ResourceManager 注册并保持通信，这样用户可以直接通过 ResourceManage 查看应用程序的运行状态（处理了百分之几）。

　　第 4 步，ApplicationMaster 为本次程序内部的各个 Task 任务向 ResourceManager 申请资源，并监控它的运行状态。

　　第 5 步，一旦 ApplicationMaster 申请到资源后，便与对应的 NodeManager 通信，要求它启动任务。

　　第 6 步，NodeManager 为任务设置好运行环境后，将任务启动命令写到一个脚本中，并通过运行该脚本启动任务。

　　第 7 步，各个任务通过某个 RPC（Remote Procedure Call，远程过程调用）协议向 ApplicationMaster 汇报自己的状态和进度，以便 ApplicationMaster 随时掌握各个任务的运行状态，从而可以在任务失败时重新启动任务，在应用程序运行过程中，用户可随时通过 RPC 向 ApplicationMaster 查询应用程序的当前运行状态。

　　第 8 步，应用程序运行完成后，ApplicationMaster 向 ResourceManager 注销并关闭自己。

9.2　基于 Hadoop 平台的轴承寿命预测框架设计

9.2.1　基于 Hadoop 平台的轴承寿命预测框架

本章基于大数据平台实现轴承寿命预测,包括分布式存储以及并行计算,其诊断架构如图 9.6 所示。

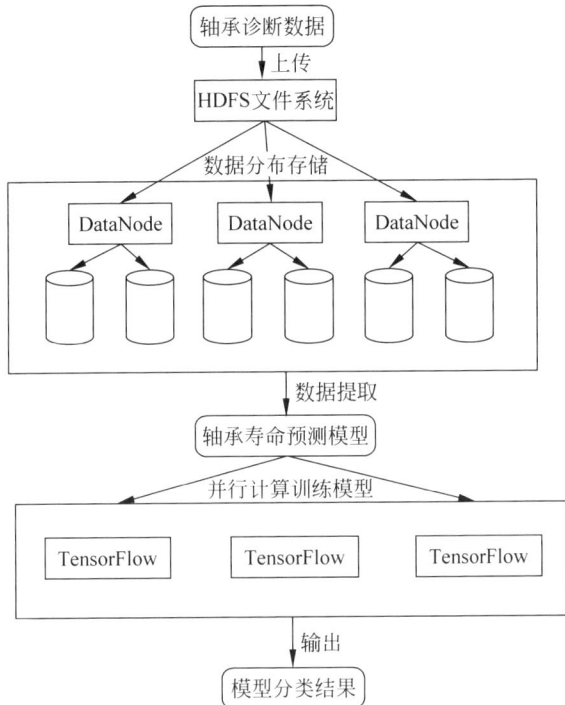

图 9.6　大数据平台轴承寿命预测架构

上述架构图综合考虑了实际生产应用中因数据量过大而导致的数据存储问题,并通过并行计算解决了计算力不足的问题。

9.2.2　基于 Hadoop 平台的轴承寿命预测框架测试

本书实验平台是在 CentOS 7 系统下搭建的三台虚拟机,采用集群全分布式的模式,一台主节点,两台从节点,Hadoop 的版本为 2.7.3,TensorFlow 的版本为 2.3.0。Hadoop 系统的总体搭建如表 9.1 所示。

表 9.1　Hadoop 搭建规划图

服务器名称	IP	HDFS	YARN
node1	192.168.88.151	NameNode	ResourceManager
node2	192.168.88.152	DataNode	NodeManager
node3	192.168.88.153	DataNode	NodeManager

集群启动完成之后输入 Jps 查看集群的状态,三台虚拟机的状态如图 9.7 所示。

Hadoop 启动成功之后可以登录 HDFS 的 Web 页面查看详细信息,如图 9.8 所示。

见到此页面,表明 Hadoop 平台正式搭建成功,可以进行轴承寿命预测的相关实验。

```
============== hadoop102 ==============
3217 DataNode
3094 NameNode
3545 NodeManager
3785 Jps
============== hadoop103 ==============
3284 NodeManager
3700 Jps
2997 DataNode
3164 ResourceManager
============== hadoop104 ==============
3014 DataNode
3144 SecondaryNameNode
3273 NodeManager
3499 Jps
```

图 9.7　Hadoop 启动成功

| Hadoop | Overview | Datanodes | Datanode Volume Failures | Snapshot | Startup Progress | Utilities |

Overview 'hadoop102:8020' (active)

Started:	Thu Jun 22 10:34:59 CST 2023
Version:	2.7.3, rbaa91f7c6bc9cb92be5982de4719c1c8af91ccff
Compiled:	2016-08-18T01:41Z by root from branch-2.7.3
Cluster ID:	CID-17a56435-971a-4e89-a91e-d5de50b5e47c
Block Pool ID:	BP-917205657-192.168.10.102-1685533632465

Summary

Security is off.

Safemode is off.

39 files and directories, 10 blocks = 49 total filesystem object(s).

Heap Memory used 77.13 MB of 256.5 MB Heap Memory. Max Heap Memory is 889 MB.

Non Heap Memory used 51.42 MB of 52.44 MB Commited Non Heap Memory. Max Non Heap Memory is -1 B.

Configured Capacity:	134.92 GB
DFS Used:	2.49 MB (0%)
Non DFS Used:	26.49 GB
DFS Remaining:	108.43 GB (80.36%)
Block Pool Used:	2.49 MB (0%)
DataNodes usages% (Min/Median/Max/stdDev):	0.00% / 0.00% / 0.00% / 0.00%
Live Nodes	3 (Decommissioned: 0)

图 9.8　HDFS 的 Web 页面

9.3 基于 Hadoop 平台的轴承寿命预测实验验证

9.3.1 基于 Hadoop 分布式存储的轴承寿命预测实验

本章所用的轴承数据是 PHM IEEE 2012 Data Challenge Dataset 数据集。这些数据集是运行至失效的实验数据。从运行到故障失效,意味着在开始时(在起始点),轴承将处于健康状态,随着时间的推移,最终会失效。在数据集中,每 10s,振动信号被记录 0.1s。记录的信号是一维原始振动信号,这些振动信号只存在于时域,只包含时域信息。数据集中存在的每个数据文件包含 2560 个数据点(水平和垂直加速度振动数据点)。

该实验使用的模型为 LSTM。将数据存储到 HDFS 中,如图 9.9 所示。

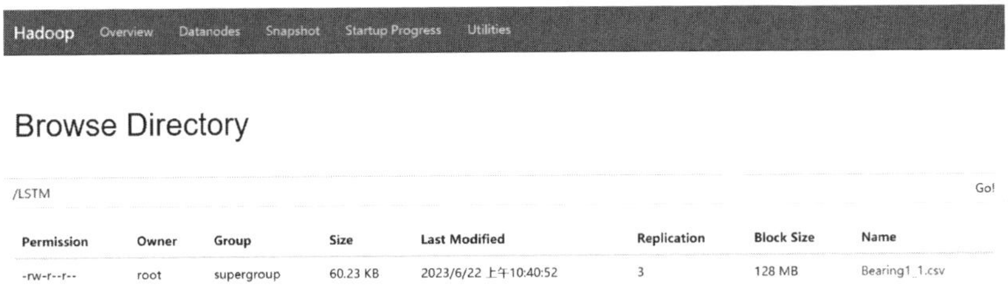

图 9.9 存储至 HDFS 的轴承数据

在 CentOS 7 平台执行寿命预测程序,选取其中的 Bearing1_1 数据进行测试并训练 30 次,最终测试结果如图 9.10 所示。

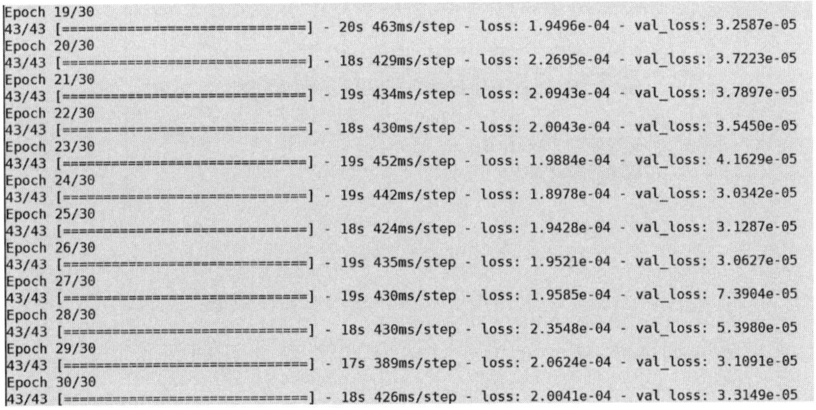

图 9.10 轴承寿命预测模型训练过程

本次迭代结果如下。

均方误差：0.386 508。

均方根误差：0.621 698。

平均绝对误差：0.564 625。

通过以上实验表明，在大数据平台下进行滚动轴承数据的分布式存储实验，在训练集以及测试集上都有较好的效果，充分说明了在大数据平台下进行轴承寿命预测的可行性。

9.3.2 基于 Hadoop 分布式计算的轴承寿命预测实验

1. 分布式与单节点计算实验

在大数据平台下利用并行计算的方式进行轴承寿命预测，与单节点计算的方式进行对比，训练次数都是 30 次，数据及模型同 9.3.1 节，得出的实验结果如表 9.2 所示。

表 9.2　分布式计算与单节点计算对比结果

	MSE	RMSE	MAE	运行时间/s
分布式计算	0.386 335	0.621 558	0.563 611	443
单节点计算	0.388 371	0.623 194	0.565 263	557

从表 9.2 中可以看出，从运行时间上来看，分布式计算的方式要优于单节点计算的方式。具体实验结果如图 9.11 和图 9.12 所示。

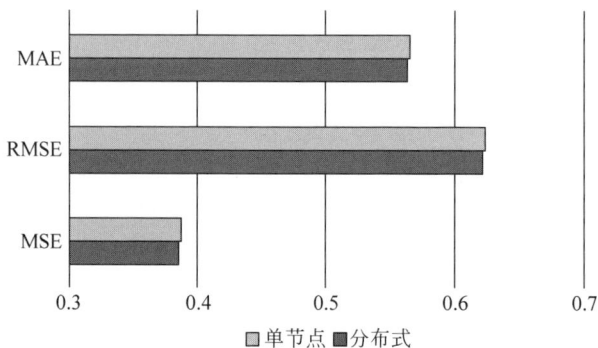

图 9.11　单节点和分布式计算实验结果

观察不同训练次数下分布式计算和单节点计算的评价指标，结果如图 9.13 所示。

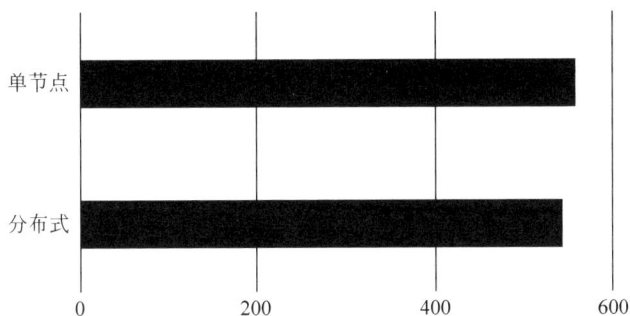

图 9.12　单节点和分布式计算运行时间/s

2. 不同迭代次数下的实验

本次实验不同迭代次数的数据如表 9.3 所示。

表 9.3　不同迭代次数实验结果

epoch	MSE	RMSE	MAE
30	0.386 335	0.621 558	0.563 611
50	0.386 571	0.621 747	0.565 644
70	0.386 039	0.622 583	0.565 147
90	0.384 348	0.619 958	0.563 663
110	0.383 621	0.621 752	0.565 372

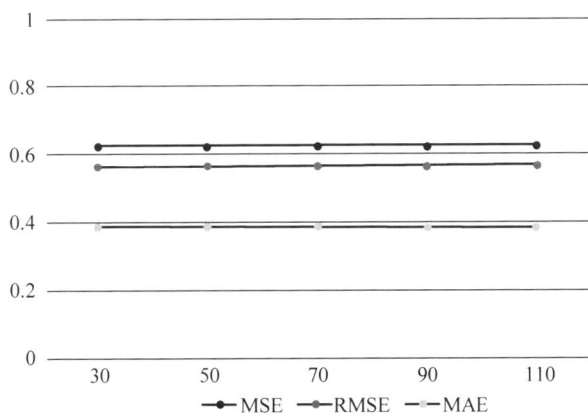

图 9.13　不同训练次数下的实验

　　通过图 9.13 可知,无论是在 MSE 方面还是 MAE 方面,分布式计算都要优于单节点计算,实验表明在大数据平台下进行滚动轴承寿命预测也能有很高的准确率,充分证明了将基于深度学习的轴承寿命预测模型和大数据平台相结合的可行性,有效地解决了在实际应用中因轴承数据量过大而无法及时处理的问题。

轨道交通轴承寿命预测系统设计与实现

本章我们集成前面提出的各种轴承寿命预测模型,采用信息系统开发方法及大数据技术构建基于大数据平台的轨道交通轴承寿命预测系统,具体包括寿命预测系统平台框架设计与功能设计、寿命预测系统实现技术框架与核心模块功能展示。

10.1 轨道交通轴承寿命预测系统平台功能设计

10.1.1 寿命预测系统平台框架

基于 Hadoop 分布式存储与并行计算技术、Python 机器学习框架以及Java 在线 Web 开发技术,采用系统功能前后端分离策略,设计了轨道交通滚动轴承寿命预测系统平台框架,如图 10.1 所示。

该框架数据存储支持单节点集中式存储,也支持多节点 Hadoop 分布式大数据存储,包括大数据分布式文件系统 HDFS 和大数据分布式数据库系统 HBase,具有高可扩展性和强大的数据处理能力。通过 Python 机器学习框架实现对轴承数据的特征提取和模型训练,包括对卷积神经网络、循环神经网络等深度学习算法进行离线模型训练,然后将训练好的结果进行封装,利用 Flask Web 框架提供可调用接口;同时,利用 Java Web 技术设计平台前端和后端的交互界面,采用 Java 跨语言来调用 Python 模型,实现前后端分离,以及客户端与服务器之间的数据交互。Java 后端 SpringBoot 通过HTTP 方式调用 Flask 接口,获取封装好的模型训练结果以及模型等信息,

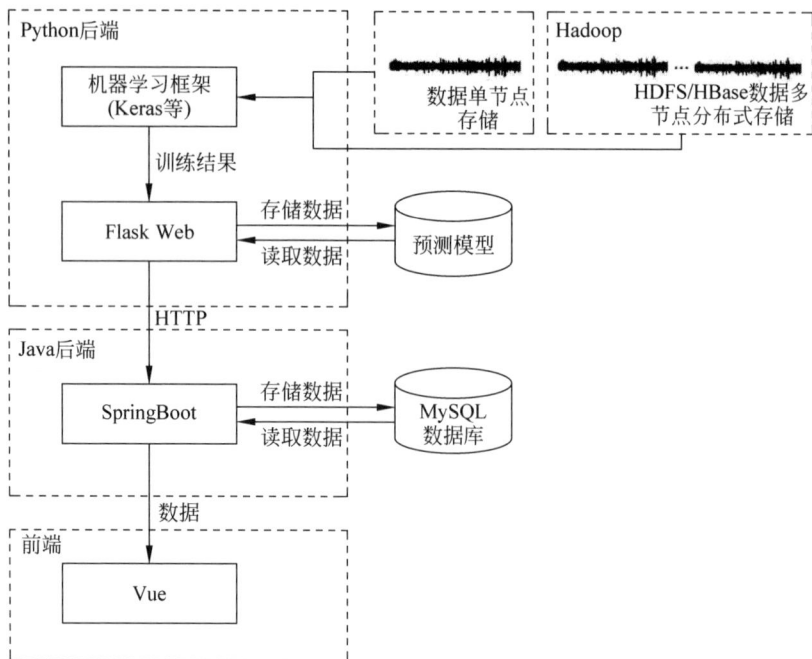

图 10.1　寿命预测系统平台框架

通过 MySQL 关系型数据库,可进行数据存储与数据读取。Vue 框架通过调用 SpringBoot 提供的接口可在前端展示寿命预测结果数据。该平台框架包括以下组成部分。

(1) 数据存储:根据不同的训练需求,将数据上传到 Hadoop 分布式文件系统进行存储或单节点进行存储。

(2) 模型训练:通过 Python 机器学习框架对轴承特征向量进行模型训练,建立轴承寿命预测模型,并封装训练结果。

(3) 后台管理系统:通过 Java Web 技术构建一个后台管理系统,用于对平台进行管理和维护,功能包括用户管理、数据管理、模型管理等。

(4) 前端展示界面:通过 Vue 框架设计前端展示界面,实现用户登录、轴承数据展示、寿命预测展示等功能,以图形化方式直观展示轴承寿命预测结果。

10.1.2　寿命预测系统平台功能设计

轨道交通滚动轴承寿命预测系统平台整体功能设计如图 10.2 所示,系统平台功能可划分为四部分：用户管理中心、数据管理中心、数据预处理模块和寿命预测模块。

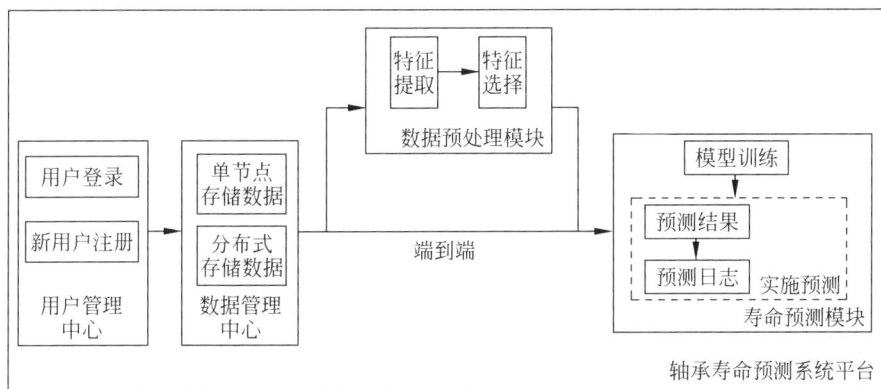

图 10.2　轴承寿命预测系统平台功能

用户管理模块分为登录和新用户注册，用户登录后才能使用系统，未注册的用户需要先注册以获得系统使用权。数据管理中心管理两部分数据内容：单节点存储数据和基于 HDFS 和 HBase 的分布式存储数据。深度学习模型数据要先进行数据预处理再进行模型训练和实时预测，数据预处理模块包含特征提取和特征选择两部分内容，结合不同场景，可以选择特征提取和特征选择中不同的算法完成数据预处理任务。寿命预测模块是本系统的核心模块，分为模型训练和实时预测两部分内容，最终会将得到的轴承寿命预测结果存入诊断日记。

寿命预测模块是本系统的核心部分，下面主要介绍轴承寿命预测模块流程设计。

1. 模型训练功能流程设计

轴承寿命预测模型训练功能流程设计如图 10.3 所示。在模型训练阶段，选择指定的轴承振动信号数据文件后，可以选择将数据可视化，查看数据波形，以便更好地了解数据特点，选择待训练模型后，可以选择使用默认参数进行直接训练，或者通过调整参数来训练寿命预测模型，也可以使用各种优化算法来不断提高模型性能。在模型训练结束后，系统将得出训练结果并将其存入日志。同时，系统将完整的训练模型（包括权重参数等）存储到 MySQL 数据库中，在后续的实时预测中使用该模型来对新的轴承数据进行预测，从而帮助维护人员及时发现寿命短暂的轴承，以确保轨道交通系统的安全运行。以上训练模型的步骤和结果都可以方便地追溯和管理。

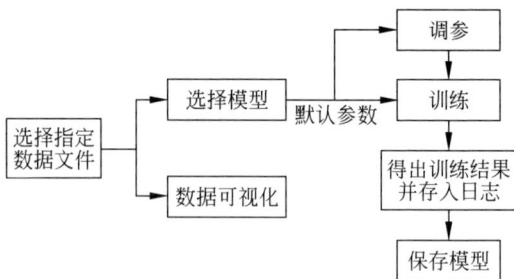

图 10.3　轴承寿命预测模型训练功能流程

2．实时预测功能流程设计

轴承寿命实时预测功能流程设计如图 10.4 所示。在实时预测阶段,首先选择待预测轴承的数据文件,可以选择将数据可视化,查看数据波形,以便更好地了解数据特点。选择已保存的训练好的模型,系统将利用该模型对待预测的轴承数据进行实时寿命预测,并输出预测结果。同时,系统将时间、数据文件、选用模型、预测结果等相关信息存入预测记录中,方便后续管理和追溯。完成上述步骤,即完成了一次实时预测,从而可以及时发现寿命短暂的轴承。

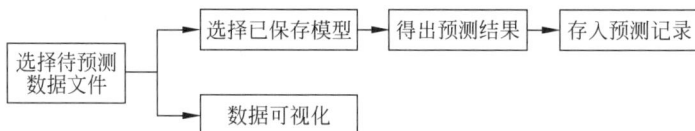

图 10.4　轴承寿命实时预测功能流程

10.2　轨道轴承寿命预测系统实现

10.2.1　轴承寿命预测系统实现所用的技术框架

轨道交通滚动轴承寿命预测系统开发用到的框架包括:Hadoop 框架、Keras 框架、Spring 框架、Flask 框架、MyBatis 框架和 Vue 框架等。

1．Hadoop 框架

Hadoop 是一个开源的分布式计算框架,它可以将大量数据存储在多个节点上,并提供可靠快速的数据访问服务。Hadoop 框架中主要包含两个核心组件：Hadoop 分布式文件系统（HDFS）和 MapReduce。HDFS 是一个能够将大文件划分为若干小文件，并存储在不同节点上的分布式文件系统；而 MapReduce 则是一种高效的并行计算模型，可以将用户编写的程序分割成多个独立的任务，并将这些任务分配给不同的节点进行运算，将所有结果合并起来得到最终结果。这两个核心组件能够让用户更加方便地对大规模数据进行存储、管理和处理。Hadoop 的开源特性使得更多的人能够参与到开发和使用中，能够更快地完成大规模数据处理任务，进一步扩展了其应用场景，为用户带来更便捷、高效的数据管理与分析体验。

在本系统中，当获取到用户需要训练的模型参数后，将数据上传至 Hadoop 进行分布式运算，在系统训练完成之后，将结果数据返回，供用户使用。Hadoop 的运算速度更快，返回结果更精确。

2. Keras 框架

Keras 是一个高层次的神经网络应用程序编程接口（API），它是基于 Python 语言开发的，能够运行在 TensorFlow、Theano 和 CNTK 等低级别计算库之上。Keras 的基本组成部分是模型（Model）和层（Layer）。模型是由多个层构成的，每个层处理一些特定的任务，并将结果传递给下一层。Keras 提供了许多常用的层类型，如全连接层、卷积层、池化层、循环层等。此外也可以根据需要自定义新的层类型。

Keras 在本系统中提供了一种直观的方式来构建深度学习模型，通过简单的 API 调用，开发人员定义神经网络的层、激活函数、损失函数等，迅速构建不同结构的神经网络，并迭代地进行调整和优化，节省模型构建和训练时间，使用户可以更快地获取结果。

3. Spring 框架

Spring 框架是 Rod Johnson 于 2002 年创建的，旨在解决传统 Java Enterprise Edition(Java EE)开发中的烦琐和低效问题。框架早期主要提供了 JavaBean 框架、JDBC 框架等。Spring 框架中核心容器的主要组件是 BeanFactory，它是工厂模式的实现。BeanFactory 使用控制反转（IoC）模式将应用程序的配置和依赖性规范与实际的应用程序代码分开。因为 Spring 有 DI 和 IoC 的功能，创建和管理对象的任务都交给 Spring 管理，因此 Spring 能轻松集成其他框架，如 MyBatis、Hibernate 等，可以避免很多重复工作，提高开发效率。

在本系统中 Spring 负责管理应用程序的控制流和业务逻辑，主要提供原生方法、接口和配置文件供开发者装配并使用。

4. Flask 框架

Flask 是 Python 语言基于 Werkzeug 工具箱编写的轻量级 Web 开发框架,它具有简单、灵活、易扩展等特点。Flask 提供了一个基本的框架结构,帮助开发人员快速构建 Web 应用程序。Flask 的特点是基本所有的工具使用都依赖导入的形式去扩展,Flask 只保留了 Web 开发的核心功能。它不像其他 Web 框架那样提供很多的工具和组件,而是保持简单、易用的理念,同时提供了许多扩展和插件,使得开发人员可以根据自己的需要来定制应用程序。

在本系统中 Flask 框架主要用于供用户选择训练文件和模型参数,当 Hadoop 平台完成模型训练之后,用户可以在前端页面看到自己需要的参数表和结果图。

5. MyBatis 框架

MyBatis 是一个基于 Java 语言的开源持久层框架,其主要作用是将数据存取操作与业务逻辑分离开来,从而简化代码的维护和开发。其内部封装了 JDBC,开发时只需要关注 SQL 语句本身,不需要花费精力去处理加载驱动、创建连接、创建 Statement 等繁杂的过程,它提供了非常灵活的 SQL 映射配置机制,令开发人员可以很方便地完成数据库操作。MyBatis 通过 XML 文件或注解的方式来配置 SQL 映射关系,实现了数据库访问与 Java 对象之间的映射关系,并提供了一系列优秀的特性,如缓存、事务管理、批处理等。MyBatis 的优点主要体现在它的灵活性、可重用性、易于维护和高效性等方面,因此得到了广泛的应用和认可。

在本系统中,MyBatis 则负责处理数据持久化和数据库操作,主要负责模型数据及用户数据的保存、维护和权限控制方面的内容。

6. Vue 框架

Vue 是一套基于 MVVM 框架开发的用于构建用户界面的 JavaScript 框架。与其他大型框架不同的是,Vue 被设计为可以自底向上逐层应用。Vue 框架的核心思想是把应用程序中的各个组件当作独立的模块来看待,每个组件都有自己的模板、逻辑和样式等。通过组合这些组件,可以构建出复杂的界面和交互效果,同时实现代码的复用和模块化。Vue 的核心库只关注视图层,不仅易于处理,还便于与第三方库或既有项目整合。与现代化的工具链以及各种支持类库结合使用时,Vue 能够为复杂的单页应用提供驱动。Vue框架提供了多种指令和组件,令开发者可灵活地处理DOM元素和数据绑定,从而实现响应式的用户界面。

总的来说,Vue在本系统中主要用于前端开发,它使开发人员能够轻松创建可交互、响应式的用户界面。通过Vue的指令和组件系统,在单页应用中进行页面导航和路由控制。这有助于构建多页面应用,同时保持良好的用户体验。10.2.2节中展示的可交互功能界面是由Vue实现的。

10.2.2　轴承寿命预测系统核心模块

轨道交通轴承寿命预测系统的核心功能包括寿命预测模型训练和实时寿命预测两部分。

1. 寿命预测模型训练

轨道交通轴承寿命预测模型训练界面如图10.5所示,该界面的核心功能主要分为模型训练和保存模型两部分,用户必须首先登录后才能使用系统中的各项功能。在该界面中,用户可以使用选取数据文件、数据可视化、选择训练方法并调参、模型训练、保存模型等功能。

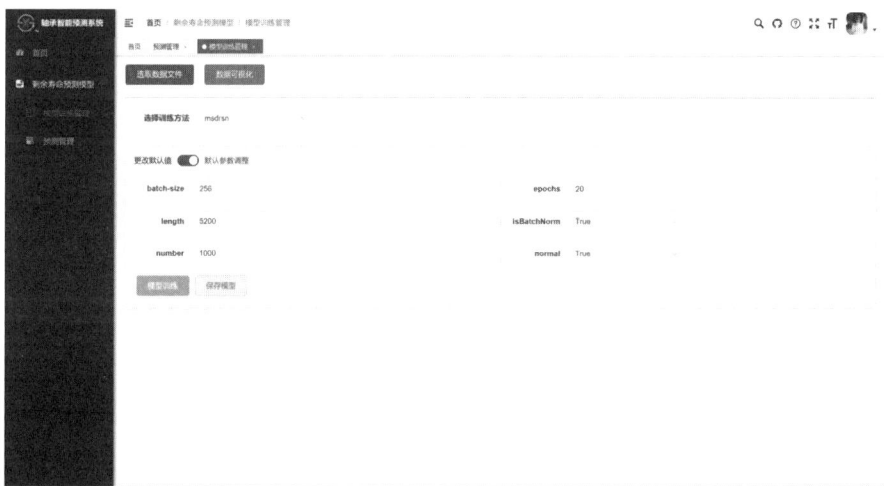

图10.5　模型训练界面

1)训练模型

(1)首先单击"选取数据文件"按钮,在弹出的数据文件选择对话框中选择需要进行模型训练的数据文件,例如,选择法国数据集(PHM 2012)中的数据文件进行轴承寿命预测模型训练。单击"数据可视化"按钮可生成对应的数据信号图,可以进行信号波形图观察,图 10.6 所示为法国数据集(PHM 2012)中 Bearing1-1 的数据文件波形图。

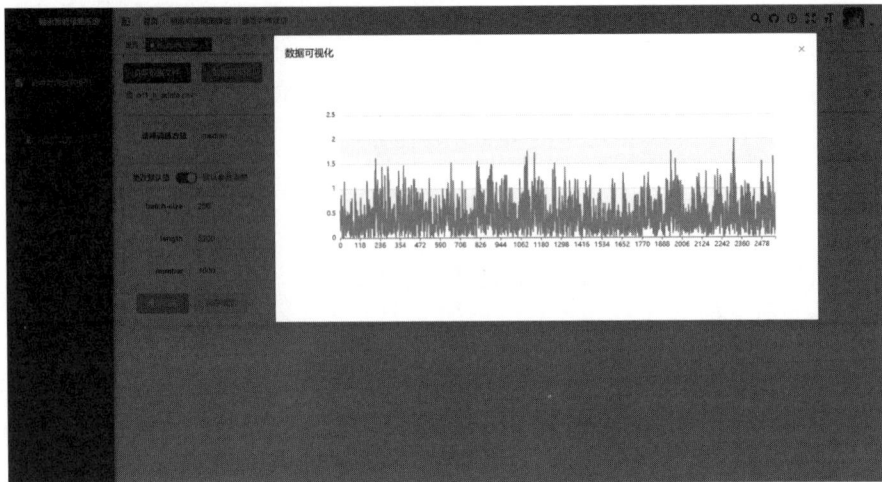

图 10.6　数据文件可视化

(2) 选择要训练的预测模型。在图 10.5 中,单击"选择训练方法"下拉菜单,如选择 MSDRSN 模型。MSDRSN 模型是本书前面提出的一种多尺度堆叠深度残差收缩网络模型,默认参数如下,批量大小为 256,epochs 为 20,样本信号长度为 5200,是否批处理归一化选"True",测试集数量为 1000,是否标准化选"True"。模型参数的设置可结合实际需求修改,如图 10.7 所示通过参数调整可以比对模型训练结果。

图 10.7　训练模型选择及参数设置

(3) 单击"模型训练"按钮,开始对模型进行训练,模型训练过程如图 10.8 所示。图中上半部分为前端界面,下半部分为 Python 后端训练 MSDRSN 模型过程中控制台的日志。在模型训练过程中,前端界面提示用户"训练中"。

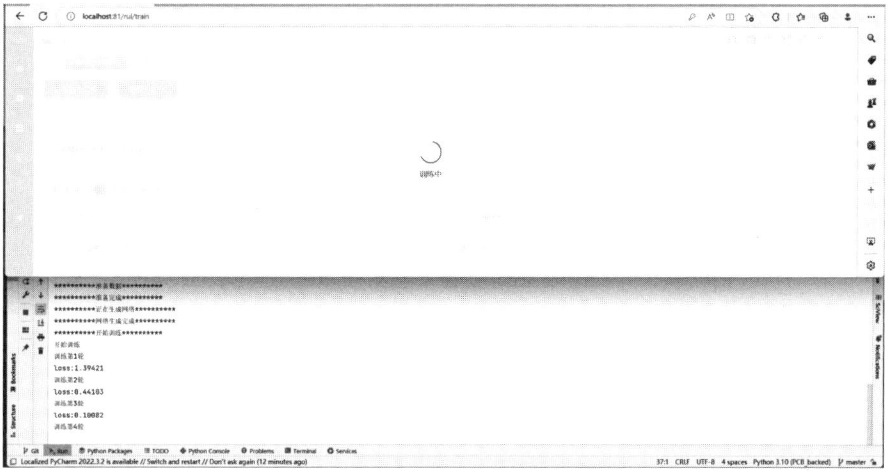

图 10.8　模型训练过程

（4）模型训练结果后，弹出如图 10.9 所示的模型训练结果界面。为了更好地展示模型训练结果，页面会展示 RUL 预测曲线训练结果，以及 MSE、MAE、R^2 评价指标结果。

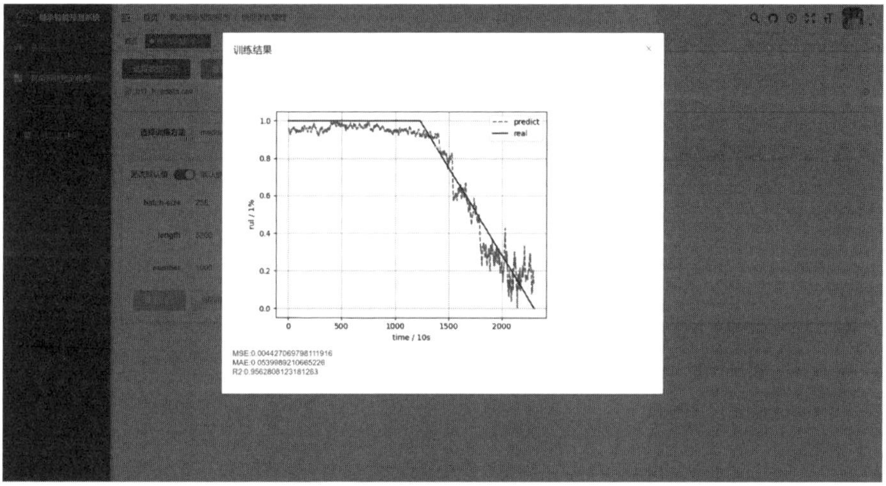

图 10.9　模型训练结果

（5）单击"保存模型"按钮，即可将我们训练好的模型以.h5 文件的格式保存到数据库中，在前端展示文字"模型保存成功"，如图 10.10 所示。

图 10.10　保存训练模型

保存好的预测模型以二进制文件的方式存入数据库中,可以用于用户进行轴承实时寿命预测。

2）模型训练信息管理

随着模型数量的增加,模型的有效管理成为一项重要问题。模型信息管理功能会对模型的重要参数进行管理。同时,列表中的模型状态栏会实时监控模型的训练状态。模型训练信息管理界面如图 10.11 所示。

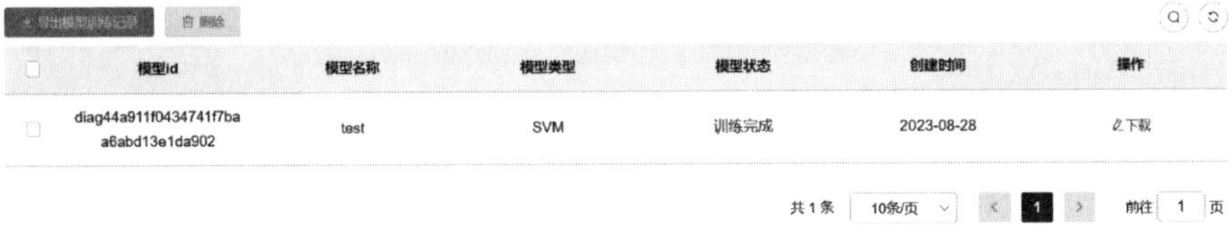

图 10.11　模型训练信息管理界面

（1）单击"导出模型训练记录"按钮,可以批量导出模型训练的记录。

（2）选择一条具体的模型训练记录,再单击"下载"按钮,即可下载模型训练的具体参数,如图 10.12 所示。

图 10.12　下载模型训练记录

3）在线模型测试

对于训练好的模型，在线模型测试功能模块可以评估该模型的性能，并且可以保存测试参数以供相关工作人员研究使用，模型测试主界面如图 10.13 所示。

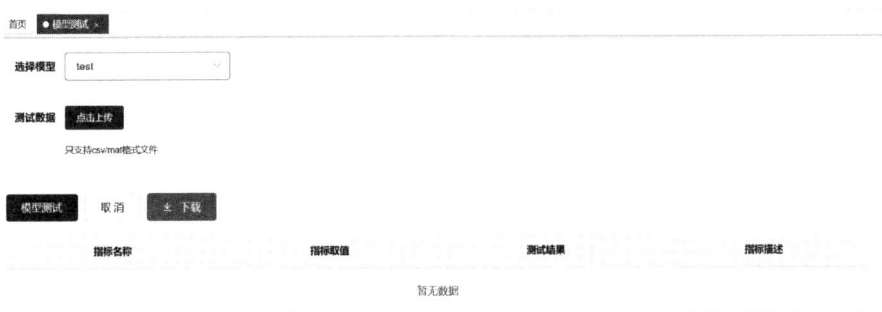

图 10.13 模型测试主界面

（1）选择模型下拉框里包含的所有已训练完成的模型，单击"选择模型"下拉菜单按钮来选择训练好的模型。单击"点击上传"按钮，上传测试文件，Java 后端会对文件格式内容进行校验，以确保模型训练过程中不会出现错误。

（2）单击"模型测试"按钮，开始测试，若表单内容填写有误，则可以单击"取消"按钮，清空上述表单内容，清空后的界面如图 10.14 所示。当后端模型测试功能完成，测试结果会返回前端并在列表中显示，此时单击"下载"按钮，可以生成 Excel 格式的下载汇总表。

图 10.14 模型测试初始界面

4）模型测试记录管理

模型测试记录管理功能会管理所有模型的测试记录及测试参数，该功能的目的是方便系统管理员选择性能最好的模型部署到在线预测系统，如

图 10.15 所示。

图 10.15　模型测试记录管理

单击"导出模型测试记录"按钮，可以批量导出模型训练的记录。

2. 实时寿命预测

模型实时寿命预测界面如图 10.16 所示。

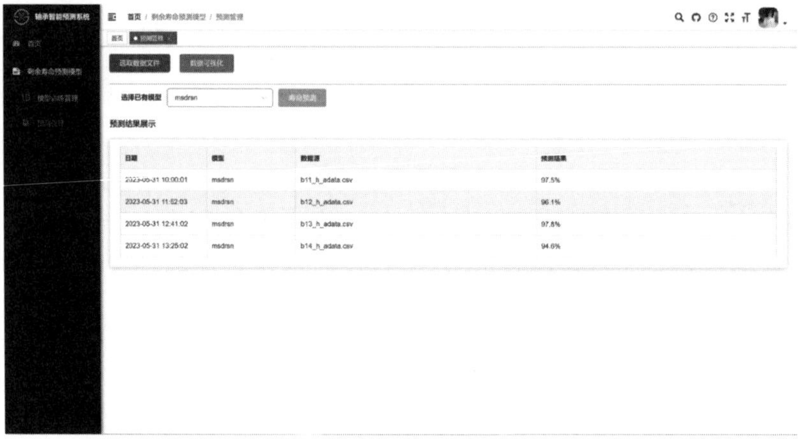

图 10.16　模型实时寿命预测界面

（1）单击"选取数据文件"按钮，选择待预测的数据文件，然后选择已保存好的预测模型，如在图 10.17 中的"选择已有模型"中，选择我们之前保存的已训练好的 msdrsn 模型。

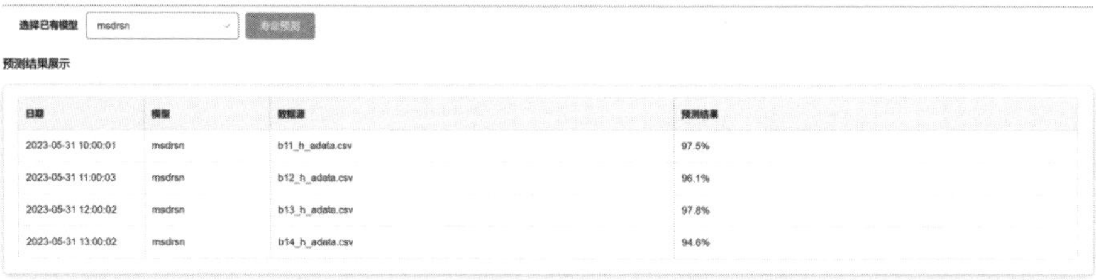

图 10.17　选择已保存的预测模型

（2）然后，单击"寿命预测"按钮，预测系统平台进行实时寿命预测，弹出如图 10.18 所示的预测结果对话框，用于显示预测结果。本示例预测结果显示"rul：97.5％"。

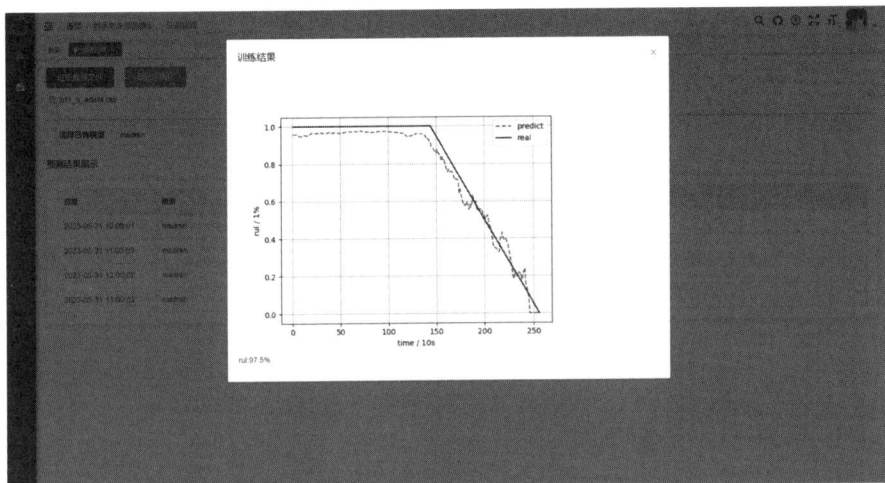

图 10.18　显示预测结果

（3）预测的信息将会自动保存在数据库中并在预测记录中展示，包含预测日期、使用的模型名、选取的数据源和预测结果，如图 10.19 所示。

日期	模型	数据源	预测结果
2023-05-31 10:00:01	msdrsn	b11_h_adata.csv	97.5%
2023-05-31 11:52:03	msdrsn	b12_h_adata.csv	96.1%
2023-05-31 12:41:02	msdrsn	b13_h_adata.csv	97.8%
2023-05-31 13:25:02	msdrsn	b14_h_adata.csv	94.6%
2023-05-31 20:39:11	msdrsn	b11_h_adata.csv	97.5%

图 10.19　添加结果到预测记录

附录A ⟍ appendix A

英文缩略词及术语

A	
ANN(Artificial Neural Network)	人工神经网络
B	
BiGRU(Bidirectional Gated Recurrent Unit)	双向门递归单元
BP(Error Back Propagation)	误差反向传播算法
BPTT(Back-Propagation Through Time)	通过时间反向传播
C	
CD(Contrastive Divergence)	对比散度算法
C-MAPSS(Commercia Modular Aero-Propulsion System Simulation)	航空推进系统仿真器
CNN(Convolutional Neural Networks)	卷积神经网络
CWT(Continue Wavelet Transform)	连续小波变换
D	
DBN(Deep Belief Network)	深度信念网络
1D-DCNN(One-Dimensional Deep Convolutional Neural Network)	一维深度卷积神经网络
DRSN(Deep Residual Network)	深度残差网络
DWT(Discrete Wavelet Transform)	离散小波变换
F	
FNN(Feedforward Neural Networks)	前馈神经网络
G	
GRU(Gated Recurrent Unit Networks)	门限循环单元网络

续表

H	
HDFS(Hadoop Distributed File System)	分布式文件系统
L	
LSTM(Long Short-Term Memory Networks)	长短期记忆网络
M	
MAE(Mean Absolute Error)	平均绝对误差
MAPE(Mean Absolute Percentage Error)	平均绝对百分比误差
MSDRSN(Multiscale Stacking Deep Residual Shrinkage Network)	多尺度堆叠深度残差收缩网络
MSE(Mean Squared Error)	均方误差
N	
NAG(Nesterov Accelerated Gradient)	牛顿加速梯度优化方法
P	
PCA(Principal Components Analysis)	主成分分析
PHM(Prognostics and Health Management)	故障预测与健康管理
R	
RBM(Restricted Boltzmann Machine)	受限玻尔兹曼机
RFE(Recursive Feature Elimination)	递归特征消除算法
RNN(Recurrent Neural Network)	循环神经网络
RUL(Remaining Useful Life)	剩余使用寿命
S	
SCNN(Single Layer Convolutional Neural Networks)	单层卷积神经网络
SGD(Stochastic Gradient Descent)	随机梯度下降法
SNR(Signal Noise Ratio)	信噪比
STFT(Short-Time Fourier Transform)	短时傅里叶变换
SVM(Support Vector Machine)	支持向量机
SVR(Support Vector Regression)	支持向量回归

参 考 文 献

[1] 方博.滚动轴承健康状态评估方法研究[D].哈尔滨:哈尔滨工业大学,2019.

[2] 刘腾腾.轴承寿命预测及其可靠性分析研究[D].洛阳:河南科技大学,2009.

[3] 罗棚.轨道交通轴承健康状态评估与剩余寿命预测研究[D].重庆:重庆交通大学,2020.

[4] 周哲韬,刘路,宋晓,等.基于 Transformer 模型的滚动轴承剩余使用寿命预测方法[J].北京航空航天大学学报,2023,49(2):430-443.

[5] 欧白羽,杨勐,韩旭.基于互信息的主成分分析结合支持向量回归的滚动轴承剩余寿命预测研究[J].北京化工大学学报(自然科学版),2021,48(6):108-117.

[6] 蒋全胜,许伟洋,朱俊俊,等.基于动态加权卷积长短时记忆网络的滚动轴承剩余寿命预测方法[J].振动与冲击,2022,41(17):282-291.

[7] 隋文涛,张丹,金亚军,等.滚动轴承的退化状态划分与剩余寿命预测[J].机械设计与制造,2022(12):301-304.

[8] 胡启国,何奇,曹历杰.采用 EEMD-KPCA 处理的 IHHO-LSSVM 滚动轴承寿命预测模型[J].华侨大学学报(自然科学版),2022,43(2):145-153.

[9] 徐洲常,王林军,刘洋,等.采用改进回归型支持向量机的滚动轴承剩余寿命预测方法[J].西安交通大学学报,2022,56(3):197-205.

[10] Christoph B,Eckhard K,Andreas V,et al. On the importance of temporal information for remaining useful life prediction of rolling bearings using a random forest regressor[J].Lubricants,2022,10(4).

[11] Cheng C,Ma G,Zhang Y,et al. Online bearing remaining useful life prediction based on a novel degradation indicator and convolutional neural networks. [J]. arXiv. 2018-10-08.

[12] Elforjani M,Shanbr S. Prognosis of bearing acoustic emission signals using supervised machine learning[J]. IEEE Transactions on Industrial Electronics,2018,65(7):5864-5871.

[13] Li X,Elasha F,Shanbr S,et al. Remaining useful life prediction of rolling element bearings using supervised machine learning[J]. Energies,2019,12(14):1-17.

[14] 张成龙,刘杰.基于梯度提升决策树的轴承剩余使用寿命预测方法[J].信息与电脑(理论版),2020,32(10):34-35.

[15] 齐申武.基于振动信号分析的滚动轴承故障诊断及寿命预测研究[D].秦皇岛:燕山大学,2018.

[16] 杜坤.基于贝叶斯算法的齿轮箱故障诊断和剩余寿命预测[D].株洲:湖南工业大学,2018.

[17] 马晨雨.基于多变点的滚动轴承剩余寿命预测方法研究[D].重庆:重庆大

学,2021.

[18] 李军星,黄嘉鸿,邱明,等.基于广义 Wiener 过程的滚动轴承剩余寿命预测[J].计算机集成制造系统,2023：1-17.

[19] Tayade A,Patil S,Phalle V,et al. Remaining useful life（RUL）prediction of bearing by using regression model and principal component analysis（PCA）technique[J]. Vibroengineering PROCEDIA,2019,23(2)：30-36.

[20] Sternharz G,Elhalwagy A,Kalganova T. Data-efficient estimation of remaining useful life for machinery with a limited number of run-to-failure training sequences. IEEE Access. 2022,10：129443-641294.

[21] Soualhi A,Medjaher K,Zerhouni N. Bearing health monitoring based on hilbert-huang transform,support vector machine,and regression. IEEE Transactions on Instrumentation and Measurement. 2015,64(1)：52-62.

[22] Han F,Wang H,Qiu C,et al. A hybrid prognostics approach for motorized spindle-tool holder remaining useful life prediction[J]. Springer International Publishing,2020,166：1385-1400.

[23] 姜广君,杨金森,穆东明.基于 CNNLSTM 的机床滚动轴承性能退化趋势和寿命预测[J].机床与液压,2024,52(6)：184-189.

[24] 马占伟,袁逸萍,樊盼盼,等.基于多尺度卷积神经网络的轴承剩余寿命预测[J].机械设计与制造,2023(1)：5-8.

[25] 步伟顺,姚磊,唐苑寿,等.深度可分离卷积神经网络轴承剩余寿命预测[J].机械设计与制造,2022(12)：120-122.

[26] 惠憬明,王健,吴双,等.基于自注意力 CNN-BiLSTM 的滚动轴承剩余使用寿命预测方法[J].轴承,2024(3)：1-8.

[27] Huang C G,Huang H Z,Li Y F,et al. A novel deep convolutional neural network-bootstrap integrated method for RUL prediction of rolling bearing[J]. Journal of Manufacturing Systems,2021,61：757-772.

[28] Xu W,Jiang Q,Shen Y,et al. RUL prediction for rolling bearings based on Convolutional Autoencoder and status degradation model[J]. Applied Soft Computing Journal,2022,130：109686.

[29] Liu X,Lei Y,Li N,et al. RUL prediction of machinery using convolutional-vector fusion network through multi-feature dynamic weighting[J]. Mechanical Systems and Signal Processing,2023,185：109788.

[30] Xu X,Li X,Ming W,et al. A novel multi-scale CNN and attention mechanism method with multi-sensor signal for remaining useful life prediction[J]. Computers & Industrial Engineering,2022,169：108204.

[31] 唐贵基,周威,王晓龙,等.基于变维 GRU-BiLSTM 神经网络模型的滚动轴承寿命预测[J].中国工程机械学报,2022,20(6)：498-503.

[32] 周建清,朱文昌,王恒.基于 DTW 相似度和 Bi-LSTM 的滚动轴承寿命预测[J].机

床与液压,2022,50(22):179-184.

[33] 吴芮,张守京,慎明俊.采用注意力 DBN-GRU 的滚动轴承剩余寿命预测方法[J].组合机床与自动化加工技术,2022(11):101-105.

[34] 臧传涛,刘冉冉,颜海彬.基于 SMA-LSTM 的轴承剩余寿命预测方法[J].江苏理工学院学报,2022,28(2):110-120.

[35] Yang L,Liao Y H,Duan R K,et al. A bidirectional recursive gated dual attention unit based RUL prediction approach[J]. Engineering Applications of Artificial Intelligence,2023,120:105885.

[36] Cao L,Zhang H,Meng Z,et al. A parallel GRU with dual-stage attention mechanism model integrating uncertainty quantification for probabilistic RUL prediction of wind turbine bearings[J]. Reliability Engineering and System Safety,2023,235:109197.

[37] Shang Y,Tang X,Zhao G,et al. A remaining life prediction of rolling element bearings based on a bidirectional gate recurrent unit and convolution neural network[J]. Measurement,2022,202:111893.

[38] Wan S,Li X,Zhang Y,et al. Bearing remaining useful life prediction with convolutional long short-term memory fusion networks[J]. Reliability Engineering and System Safety,2022,224:108528.

[39] 慎明俊,高宏玉,张守京,等.基于 DBN-LSTM 的滚动轴承剩余寿命预测模型[J].科学技术与工程,2021,21(31):13328-13333.

[40] 安冬,崔志强,邵萌,等.基于构建退化特征和 PSO-PF 的滚动轴承寿命预测[J].组合机床与自动化加工技术,2023(3):118-121+126.

[41] 吕明珠.一种基于深度迁移学习的两阶段滚动轴承剩余寿命预测方法[J/OL].轴承:1-8[2023-09-21].

[42] Pan Y,Hong R,Chen J,et al. A hybrid DBN-SOM-PF-based prognostic approach of remaining useful life for wind turbine gearbox. Renewable Energy. 2020(152):138-154.

[43] Pei H,Si X S,Hu C H,et al. An adaptive prognostics method for fusing CDBN and diffusion process:application to bearing data[J]. Neurocomputing,2020,421:303-315.

[44] 刘弹,李晓婉,梁霖,等.采用时间序列突变点检测的滚动轴承性能退化评价方法[J].西安交通大学学报,2019,53(12):10-16.

[45] 宋旭东.面向深度学习和大数据的轨道交通轴承故障智能诊断方法[M].北京:清华大学出版社,2023.

[46] 武明泽.基于小波包分解和 FPA-SVM 的动车组轴箱轴承故障诊断研究[D].北京:北京交通大学,2021.

[47] 郭艳平,解武波,龙涛元.拟合故障振动信号模型实现滚动轴承故障诊断[J].机械设计与制造,2017(11):205-208.

[48] 吴瀛枫,熊书驰.数控机床滚动轴承与齿轮的振动机理及故障诊断技术[J].科学技术创新,2023(15):79-82.

[49] 王彦昆,康丽锋.基于物联网和卷积神经网络的拖拉机轴承故障诊断[J].农机化研究,2023,45(9):245-249.

[50] 周飞燕,金林鹏,董军.卷积神经网络研究综述[J].计算机学报,2017,40(6):1229-1251.

[51] Chang Z H, Yuan W, Huang K. Remaining useful life prediction for rolling bearings using multi-layer grid search and LSTM[J]. Computers and Electrical Engineering,2022,101:1-13.

[52] Shi H T, Shang Y J, Zhang X C, et al. Research on the initial fault prediction method of rolling bearings based on DCAE-TCN transfer learning[J]. Shock and Vibration,2021,2021(6):1-5.

[53] Wang X, Wang T, Ming A, et al. Deep spatiotemporal convolutional-neural-network-based remaining useful life estimation of bearings[J]. Chinese Journal of Mechanical Engineering,2021,34(1):62.

[54] Opala M,Korzeb J,Koziak S,et al. Evaluation of stress and fatigue of a rail vehicle suspension component[J]. Energies,2021,14(12):3410.

[55] Xian G, Guo R, Li C, et al. Effects of rod size and fiber hybrid mode on the interface shear strength of carbon/glass fiber composite rods exposed to freezing-thawing and outdoor environments [J]. Journal of Materials Research and Technology,2021,14:2812-2831.

[56] Zhao B, Yuan Q. A novel deep learning scheme for multi-condition remaining useful life prediction of rolling element bearings[J]. Journal of Manufacturing Systems,2021,61:450-460.

[57] Zeng F,Li Y,Jiang Y,et al. An online transfer learning-based remaining useful life prediction method of ball bearings - ScienceDirect[J]. Measurement,2021,176:109201.

[58] Guo Y,Zhang H,Xia Z,et al. An improved deep convolution neural network for predicting the remaining useful life of rolling bearings[J]. Journal of Intelligent & Fuzzy Systems:Applications in Engineering and Technology,2021,40(3):5743-5751.

[59] Liu Z H,Meng X D,Wei H L,et al. A regularized LSTM method for predicting remaining useful life of rolling bearings[J]. 国际自动化与计算杂志:英文版,2021,18(4):581-593.

[60] Wang Y,Wu J,Cheng Y,et al. Memory-enhanced hybrid deep learning networks for remaining useful life prognostics of mechanical equipment[J]. Measurement,2022,187:1-10.

[61] Li C,Chen Z,Liu Z,et al. A method for predicting subsurface fatigue life of rolling

bearings based on macro-micro coupling model[J]. Proceedings of the Institution of Mechanical Engineers, Part J: Journal of Engineering Tribology, 2022, 236(6): 1056-1073.

[62] Xiang S, Qin Y, Liu F, et al. Automatic multi-differential deep learning and its application to machine remaining useful life prediction[J]. Reliability Engineering and System Safety, 2022, 223(Jul): 1-12.

[63] Zhang M, Amaitik N, Wang Z, et al. Predictive maintenance for remanufacturing based on hybrid-driven remaining useful life prediction[J]. Applied Sciences, 2022, 12(7): 3218.

[64] Wang W, Lei Y, Yan T, et al. Residual convolution long short-term memory network for machines remaining useful life prediction and uncertainty quantification[J]. 动力学、监测与诊断学报(英文), 2022(1): 2-8.

[65] Sun H, Xia M, Hu Y, et al. A new sorting feature-based temporal convolutional network for remaining useful life prediction of rotating machinery[J]. Computers & Electrical Engineering, 2021, 95: 107413-107429.

[66] Zhang G, Liang W, She B, et al. Rotating machinery remaining useful life prediction scheme using deep-learning-based health indicator and a new RVM[J]. Shock and Vibration, 2021, 2021(8): 1-14.

[67] Rao Z, Yan X, Zhang X Y, et al. Detailed design and life prediction methodology of novel SMA actuated repeatable launch locking protective device (RLLPD) for magnetically suspended flywheel (MSFW)[J]. Smart Materials and Structures, 2021, 30(5): 1-17.

[68] Chernets M, Kornienko A, Radko O, et al. Prediction of the contact pressures and resource of metal-polymer linear cylindrical plain bearings[J]. FME Transactions, 2021, 94(3): 627-633.

[69] Wang Y, Zhang X, Dong X, et al. Multiaxial fatigue assessment for outer cylinder of landing gear by critical plane method[J]. Proceedings of the Institution of Mechanical Engineers, Part G: Journal of Aerospace Engineering, 2022, 236(5): 993-1005.

[70] Huang G, Zhang Y, Ou J. Transfer remaining useful life estimation of bearing using depth-wise separable convolution recurrent network[J]. Measurement, 2021, 176(1): 109090-109113.

[71] Chen Y, Zhang D, Zhang W A. MSWR-LRCN: A new deep learning approach to remaining useful life estimation of bearings[J]. Control Engineering Practice, 2022, 118: 104969-104982.

[72] Liu S, Fan L. An adaptive prediction approach for rolling bearing remaining useful life based on multistage model with three-source variability[J]. Reliability Engineering & System Safety, 2022, 218: 108182.

[73] Merainani B, Laddada S, Bechhoefer E, et al. An integrated methodology for estimating the remaining useful life of high-speed wind turbine shaft bearings with limited samples[J]. Renewable Energy, 2022, 182: 1141-1151.

[74] Cheng Y, Hu K, Wu Y, et al. A deep learning-based two-stage prognostic approach for remaining useful life of rolling bearing [J]. Applied Intelligence: The International Journal of Artificial Intelligence, Neural Networks, and Complex Problem-Solving Technologies, 2022, 52(5): 5880-5895.

[75] Liu X, Qu Y, Yang X, et al. Load spectrum compiling and fatigue life estimation of the automobile wheel hub[J]. Recent Patents on Mechanical Engineering, 2021, 14(3): 366-379.

[76] Wang Q, Xu K, Kong X, et al. A linear mapping method for predicting accurately the RUL of rolling bearing[J]. Measurement, 2021, 176: 109127.

[77] Liu S, Fan L. An adaptive prediction approach for rolling bearing remaining useful life based on multistage model with three-source variability [J]. Reliability Engineering & System Safety, 2022, 218: 108182.

[78] Kong D, Wang S, Ping P. State-of-health estimation and remaining useful life for lithium-ion battery based on deep learning with Bayesian hyperparameter optimization [J]. International Journal of Energy Research, 2022, 46(5): 6081-6098.

[79] Chen X, Hillegersberg J V, Topan E, et al. Application of data-driven models to predictive maintenance: bearing wear prediction at TATA steel [J]. Expert Systems with Applications, 2021(2): 115699.

[80] Sikora A. Transfer-learning-based estimation of the remaining useful life of heterogeneous bearing types using low-frequency accelerometers[J]. Journal of Imaging, 2023, 9(2): 34.

[81] Yan M, Wang X, Wang B, et al. Bearing remaining useful life prediction using support vector machine and hybrid degradation tracking model [J]. ISA Transactions, 2020, 98: 471-482.

[82] Wang H, Ni G, Qu J, et al. Research on rolling bearing state health monitoring and life prediction based on PCA and Internet of Things with multi-sensor[J]. Measurement, 2020, 157(4): 107657.

[83] Bao W, Wang H, Chen J, et al. Life prediction of slewing bearing based on isometric mapping and fuzzy support vector regression[J]. Transactions of the Institute of Measurement and Control, 2020, 42(1): 94-103.

[84] Han J W, Kim J G, Moon S G, et al. Failure life prediction of hub bearing in composite tooling[J]. Applied Sciences, 2020, 10(14): 4707.

[85] Liu L, Song X, Chen K, et al. An enhanced encoder-decoder framework for bearing remaining useful life prediction[J]. Measurement, 2020, 170: 108753.

[86] Wu G M, Yang D H, Yi T H, et al. Sliding life prediction of sliding bearings using

dynamic monitoring data of bridges[J]. Structural Control and Health Monitoring，2020，27(5)e2515.

[87] Tian Q，Wang H. An ensemble learning and RUL prediction method based on bearings degradation indicator construction ［J］. Applied Sciences，2020，10(1)：346.

[88] Nezhad M M，Jafari S M. Bearing remaining useful life prediction under starved lubricating condition using time domain acoustic emission signal processing[J]. Expert Systems with Applications，2020，168(3)：114391.

[89] Chen Y，Peng G，Zhu Z，et al. A novel deep learning method based on attention mechanism for bearing remaining useful life prediction ［J］. Applied Soft Computing，2020，86：105919.

[90] Cheng H，Kong X，Chen G，et al. Transferable convolutional neural network based remaining useful life prediction of bearing under multiple failure behaviors[J]. Measurement，2021，168：108286.

[91] Ding H，Yang L，Cheng Z，et al. A remaining useful life prediction method for bearing based on deep neural networks[J]. Measurement，2020，172：108878.

[92] Ding N，Li H，Yin Z，et al. Journal bearing seizure degradation assessment and remaining useful life prediction based on long short-term memory neural network ［J］. Measurement，2020，166：108215.

[93] Zhu J，Chen N，Shen C. A new data-driven transferable remaining useful life prediction approach for bearing under different working conditions[J]. Mechanical systems and signal processing，2020，139：106602.

[94] Singh J，Darpe A K，Singh S P. Bearing remaining useful life estimation using an adaptive data-driven model based on health state change point identification and K-means clustering[J]. Measurement Science and Technology，2020，31(8)：085601.

[95] Zan T，Liu Z，Wang H，et al. Prediction of performance deterioration of rolling bearing based on JADE and PSO-SVM［J］. Proceedings of the Institution of Mechanical Engineers，Part C：Journal of Mechanical Engineering Science，2021，235(9)：1684-1697.

[96] Yucesan Y A，Viana F. A hybrid model for wind turbine main bearing fatigue with uncertainty in grease observations［C］//Annual Conference of the PHM Society，2020，12(1)：14.

[97] Gloeckner P，Sebald W. A new method of calculating the attainable life and reliability in aerospace bearings[J]. European Journal of Engineering Research and Science，2020，5(6)：745-750.

[98] Du Y，Wu T，Zhou S，et al. Remaining useful life prediction of lubricating oil with dynamic principal component analysis and proportional hazards model ［J］. Proceedings of the Institution of Mechanical Engineers，Part J：Journal of

Engineering Tribology,2020,234(6):964-971.

[99] 康守强,邢颖怡,王玉静,等.基于无监督深度模型迁移的滚动轴承寿命预测方法[J].自动化学报,2021:1-12.

[100] 李海浪,邹益胜,曾大懿,等.一种基于特征聚类和评价的轴承寿命预测新方法[J].振动与冲击,2022,41(5):141-150.

[101] 曾大懿,蒋雨良,邹益胜,等.基于迭代生成特征替换的轴承寿命预测方法[J].现代制造工程,2021(7):135-143.

[102] 王英,顾欣,吕文元.基于BA-WPHM的滚动轴承两阶段剩余寿命预测方法[J].计算机应用研究,2022,39(1):96-101.

[103] 全航,张强,邵思羽,等.基于CNN-WaveNet的滚动轴承剩余寿命预测[J].计算机应用研究,2021,38(10):3098-3103.

[104] 于宜冰,贺自强,贺小帆,等.基于损伤力学的轴承钢旋弯疲劳寿命预测[J].北京航空航天大学学报,2022,50(8):2585-2594.

[105] 李海浪,刘永志,邹益胜,等.一种基于TC-CAE的轴承寿命预测方法[J].振动与冲击,2022,41(14):105-189.

[106] 曾大懿,蒋雨良,邹益胜,等.一种新的轴承寿命预测特征评价指标构建与验证[J].振动与冲击,2021,40(22):18-27.

[107] 舒涛,张一弛,丁日显.基于灰色模型与LSTM网络的旋转机械轴承寿命预测[J].系统工程与电子技术,2021,43(8):2355-2361.

[108] 王豪,董广明,陈进.遗传规划提取优化特征在轴承寿命预测中的应用[J].振动工程学报,2021,34(3):626-632.

[109] 张秋臣,张建国,屈海涛,等.基于改进FOA和GRNN组合模型的滚动轴承寿命预测[J].机械设计与研究,2022,38(4):129-148.

[110] 韩翠红,石佳东,刘云帆,等.关节轴承自润滑材料摩擦学性能及轴承寿命预测研究现状[J].材料导报,2021,35(5):5166-5173.

[111] 许雨晨,李宏坤,马跃,等.基于退化检测和优化粒子滤波的轴承寿命预测方法[J].大连理工大学学报,2021,61(3):227-236.

[112] 胡小曼,王艳,纪志成.模糊信息粒化与改进RVM的滚动轴承寿命预测[J].系统仿真学报,2021,33(11):2561-2571.

[113] 李博阳,姚德臣,刘恒畅,等.基于双向堆叠简单循环单元的滚动轴承寿命预测[J].机械强度,2021,43(4):786-792.

[114] 熊隽,陈林,王上庆.基于多分辨奇异值分解和ECNN-LSTM的滚动轴承寿命预测[J].机械强度,2021,43(3):523-530.

[115] 莫仁鹏,司小胜,李天梅,等.基于多尺度特征与注意力机制的轴承寿命预测[J].浙江大学学报:工学版,2022,56(7):1447-1456.

[116] 黄庆卿,胡欣堪,韩延,等.多源域子域自适应的滚动轴承剩余寿命预测方法[J].电子测量与仪器学报,2022,36(10):100-107.

[117] 赵志宏,张然,孙诗胜.基于关系网络的轴承剩余使用寿命预测方法[J].自动化

学报,2022,49(7):1-9.

[118] 陈佳鲜,毛文涛,刘京,等.基于深度时序特征迁移的轴承剩余寿命预测方法[J].
控制与决策,2021,36(7):1699-1706.

[119] 赵礼辉,李其宸,冯金芝,等.随机道路载荷下轮毂轴承服役寿命预测方法研究
[J].机械工程学报,2021,57(10):77-86.

[120] 姚德臣,李博阳,刘恒畅,等.基于注意力 GRU 算法的滚动轴承剩余寿命预测
[J].振动与冲击,2021,40(17):116-123.

[121] 孙世岩,张钢,梁伟阁,等.基于时间序列数据扩增和 BLSTM 的滚动轴承剩余寿
命预测方法[J].系统工程与电子技术,2022,44(3):1060-1068.

[122] 邱明,牛凯岑,李军星,等.多重应力下滚动轴承剩余寿命预测[J].航空动力学
报,2022,37(5):980-988.

[123] 许艳雷,邱明,李军星,等.基于 SKF-KF-Bayes 的滚动轴承剩余使用寿命预测方
法[J].振动与冲击,2021,40(19):26-40.

[124] 胡启国,罗棚.基于 VMD 和 ELM_AdaBoost 滚动轴承剩余寿命预测[J].机械设
计与制造,2022(6):203-207.

[125] 张金豹,邹天刚,王敏,等.滚动轴承剩余使用寿命预测综述[J].机械科学与技
术,2023,42(1):1-23.

[126] 向玲,王凯伦,胡爱军,等.基于 Dy Res Net-CBAM 网络的滚动轴承剩余寿命预
测[J].中国工程机械学报,2023,21(1):6-11.

[127] 尹柏鑫,袁小芳,杨育辉,等.基于堆叠 GRU 的伺服电机滚动轴承剩余寿命预测
[J].机床与液压,2022,50(12):153-158.

[128] 鲁顺,汪立雄,徐增丙,等.基于集成迁移学习的滚动轴承剩余寿命预测[J].组合
机床与自动化加工技术,2021(10):56-60.

[129] 王英,顾欣,吕文元.基于 BA-WPHM 的滚动轴承两阶段剩余寿命预测方法[J].
计算机应用研究,2022,39(1):96-101.

[130] 全航,张强,邵思羽,等.基于 CNN-WaveNet 的滚动轴承剩余寿命预测[J].计算
机应用研究,2021,38(10):3098-3103.

[131] 马荣杰,吴文江,胡毅.基于 Spark 流处理的轴承剩余使用寿命预测[J].组合机
床与自动化加工技术,2021(11):19-22.

[132] 张钢,谭波,梁伟阁,等.基于改进相关向量机的滚动轴承剩余寿命预测方法[J].
探测与控制学报,2021,43(1):83-94.

[133] 孟祥龙,丁华,吕彦宝,等.基于离散小波变换和变分自编码器的滚动轴承剩余使
用寿命预测[J].轴承,2022(8):55-63.

[134] 申彦斌,张小丽,夏勇,等.BiLSTM 神经网络用于轴承剩余使用寿命预测研究
[J].振动工程学报,2021,034(2):411-420.

[135] 王新刚,韩凯忠,王超,等.基于迁移学习的轴承剩余使用寿命预测方法[J].东北
大学学报(自然科学版),2021,42(5):665-672.

[136] 汪立雄,王志刚,徐增丙,等.基于深度迁移学习的滚动轴承剩余使用寿命预测

[J].制造技术与机床,2020(12):130-137.

[137] 王久健,杨绍普,刘永强,等.一种基于空间卷积长短时记忆神经网络的轴承剩余寿命预测方法[J].机械工程学报,2021,57(21):88-95.

[138] 申彦斌,张小丽,夏勇,等.Bi-LSTM 神经网络用于轴承剩余使用寿命预测研究[J].振动工程学报,2021,34(2):411-420.

[139] 曹正志,叶春明.基于并联 CNN-SE-Bi-LSTM 的轴承剩余使用寿命预测[J].计算机应用研究,2021,38(7):2103-2107.

[140] 刘小峰,冯伟,柏林.考虑退化轨迹差异性与相似性的轴承 RUL 预测[J].控制与决策,2021,36(11):2833-2840.

[141] 康守强,周月,王玉静,等.基于改进 SAE 和双向 LSTM 的滚动轴承 RUL 预测方法[J].自动化学报,2022,48(9):2327-2336.

[142] 吴昊年,陈仁祥,胡小林,等.改进均衡分布适配的滚动轴承寿命阶段识别[J].振动工程学报,2021,34(1):194-201.

[143] 张建勋,杜党波,司小胜,等.基于最后逃逸时间的随机退化设备寿命预测方法[J].自动化学报,2022,48(1):249-260.

[144] 吕明珠.基于改进 LSTM 的滚动轴承性能退化趋势预测[J].轴承,2022(4):70-76.

[145] 郭亮,李长根,高宏力,等.大数据背景下基于特征学习的机械设备剩余寿命预测[J].西南交通大学学报,2021,56(4):730-768.

[146] 邹旺,江伟,冯俊杰,等.基于 ANN 和 SVM 的轴承剩余使用寿命预测[J].组合机床与自动化加工技术,2021(1):32-35.

[147] 董绍江,刘文龙,方能炜,等.基于 HTMFDE 以及 ICNN 的滚动轴承寿命状态识别方法[J].铁道科学与工程学报,2023,20(2):723-734.

[148] Song W,Liu H,Zio E. Long-range dependence and heavy tail characteristics for remaining useful life prediction in rolling bearing degradation [J]. Applied mathematical modelling,2022,102:268-284.

[149] Li Y,Chen Y,Shao W,et al. Service life prediction and lateral bearing capacity analysis of piles considering coupled corrosion-temperature deterioration processes [J]. Journal of Marine Science and Engineering,2021,9(6):614.

[150] Yu A,Hong-Zhong Huang,Yan-Feng Li,et al. A modified nonlinear fatigue damage accumulation model for life prediction of rolling bearing under variable loading conditions [J]. Fatigue & Fracture of Engineering Materials and Structures,2022,45(3):852-864.

[151] Kumaraswamidhas L A,Laha S K. Bearing degradation assessment and remaining useful life estimation based on Kullback-Leibler divergence and gaussian processes Regression[J]. Measurement,2021,174(4):108948.

[152] Zeng W,Yi L,Lin R,et al. Statistical tolerance-cost-service life optimization of blade bearing of controllable pitch propeller considering the marine environment

conditions through meta-heuristic algorithm[J]. Journal of Computational Design and Engineering,2022,9(2):689-705.

[153] Berghout T,Benbouzid M,Mouss L H. Leveraging label information in a knowledge-driven approach for rolling-element bearings remaining useful life prediction[J]. Energies,2021,14(8):2163.

[154] Miao M,Yu J,Zhao Z. A sparse domain adaption network for remaining useful life prediction of rolling bearings under different working conditions [J]. Reliability Engineering & System Safety,2022,219:108259.

[155] 徐娟,蒋瑞,陈为伟,等. 基于对抗域自适应的轴承剩余使用寿命预测方法[J]. 轴承,2023(2):8.

[156] Pandiyan V,Akeddar M,Prost J,et al. Long short-term memory based semi-supervised encoder- decoder for early prediction of failures in self-lubricating bearings[J]. Friction,2023,11(1):109-124.

[157] Hailong M,Zhen L. Research on bearing life prediction method based on EMD and gray model[J]. IOP Conference Series Materials Science and Engineering,2021,1043(3):032065.

[158] Luo J,Zhang X. Convolutional neural network based on attention mechanism and Bi-LSTM for bearing remaining life prediction[J]. Applied Intelligence:The International Journal of Artificial Intelligence, Neural Networks, and Complex Problem-Solving Technologies,2022(1):52.

[159] Fan Q,Yu F,Xuan M. Research on life prediction of motor bearing based on vibration signal[J]. Journal of Physics:Conference Series,2021,1907(1):012054.

[160] Xu Y,Cai W,Xie T,et al. Residual life prediction of metro traction motor bearing based on convolutional neural network[J]. Shock and Vibration,2021(1):1-7.

[161] Zhao L H,Li Q C,Feng J Z,et al. Service life prediction method for wheel-hub-bearing under random multi-axial wheel loading [J]. Engineering Failure Analysis,2021,122:105211.

[162] Gao S,Xiong X,Zhou Y,et al. Bearing remaining useful life prediction based on a scaled health indicator and a LSTM model with attention mechanism [J]. Machines,2021,9(10):238.

[163] Tang J,Zheng G,He D,et al. Rolling bearing remaining useful life prediction via weight tracking relevance vector machine[J]. Measurement Science & Technology,2021,32(2):024006.

[164] Su X,Liu H,Tao L,et al. An end-to-end framework for remaining useful life prediction of rolling bearing based on feature pre-extraction mechanism and deep adaptive transformer model [J]. Computers & Industrial Engineering,2021,161:107531.

[165] A N D,B H L,B Z Y,et al. A novel method for journal bearing degradation

evaluation and remaining useful life prediction under different working conditions [J]. Measurement, 2021, 177: 109273.

[166] Abdelmaksoud A M, Patel M K, Becker T C, et al. Parameterized models for prediction of lifetime bearing demands [J]. Engineering structures, 2022, 252: 113649.

[167] Guo R, Wang Y. Remaining useful life prognostics for the rolling bearing based on a hybrid data-driven method [J]. Proceedings of the Institution of Mechanical Engineers, Part I: Journal of Systems and Control Engineering, 2021, 235(4): 517-531.

[168] Wu C, Sun H, Zhang Z. Stages prediction of the remaining useful life of rolling bearing based on regularized extreme learning machine [J]. Proceedings of the Institution of Mechanical Engineers, Part C: Journal of Mechanical Engineering Science, 2021, 235(22): 6599-6610.

[169] Friskney B, Mohammadpour M, Theodossiades S, et al. Effects of transmission shaft flexibility on rolling element bearing tribodynamics in a high-performance transmission [J]. Mechanism and Machine Theory, 2021, 165: 104440.

[170] Benedik B, Rihtari J, Povh J, et al. Failure modes and life prediction model for high-speed bearings in a through-flow universal motor [J]. Engineering Failure Analysis, 2021, 128: 105535.

[171] Guo B, Luo Z, Zhang B, et al. Dynamic influence of wheel flat on fatigue life of the traction motor bearing in vibration environment of a locomotive [J]. Energies, 2021, 14(18): 1-17.

[172] Salunkhe V G, Desavale R G. An intelligent prediction for detecting bearing vibration characteristics using machine learning model [J]. Journal of Nondestructive Evaluation Diagnostics and Prognostics of Engineering Systems, 2021, 4(3): 1-20.

[173] Zhan Y, Sun S, Li X, et al. Combined remaining life prediction of multiple bearings based on EEMD-BILSTM [J]. Symmetry, 2022, 14(2): 251.

[174] Suh S, Lukowicz P, Lee Y O. Generalized multiscale feature extraction for remaining useful life prediction of bearings with generative adversarial networks [J]. Knowledge-based systems, 2022, 237.

[175] Zhang Y, Shu T, Liu C, et al. Rolling bearing fault diagnosis based on GUI system [J]. Journal of Physics: Conference Series, 2021, 1754(1): 012138.

[176] Benedik B, Rihtarsic J, Povh J, et al. Failure modes and life prediction model for high-speed bearings in a through-flow universal motor [J]. Engineering failure analysis, 2021: 128.

[177] Yang Z, Li C, Zhou N, et al. Research on the cage stability of high-precision ball bearing with image acquirement and error separation [J]. Measurement, 2021,

186：110149.

[178] 张昌凡,高见,刘建华.基于灰色模型混合算法的滚动轴承剩余使用寿命预测
[J].机械设计与研究,2022(4)：038.

[179] A V F,A J S,B B C. Influence of local differences in microstructure and hardness
on the fatigue behaviour of a slewing bearing steel[J]. Procedia Structural
Integrity,2021,31：8-14.

[180] Han T,Pang J,Tan A C C. Remaining useful life prediction of bearing based on
stacked autoencoder and recurrent neural network[J]. Journal of Manufacturing
Systems,2021,61.

[181] Li Y,Huang X,Ding P,et al. Wiener-based remaining useful life prediction of
rolling bearings using improved Kalman filtering and adaptive modification[J].
Measurement,2021,182：109706.

[182] Li W,Chen H,Huang W,et al. High-temperature creep property and life
prediction of aluminized AISI 321 stainless steel after annealing diffusion
treatment[J]. Engineering Failure Analysis,2021,128：105611.

[183] Ding P,Jia M,Wang H. A dynamic structure-adaptive symbolic approach for
slewing bearings' life prediction under variable working conditions[J]. Structural
Health Monitoring,2021,20(1)：273-302.

[184] Wang R,Shi R,Hu X,et al. Remaining useful life prediction of rolling bearings
based on multiscale convolutional neural network with integrated dilated
convolution blocks[J]. Shock and Vibration,2021(1)：1-11.

[185] Shi J,Yu T,Goebel K,et al. Remaining useful life prediction of bearings using
ensemble learning：the impact of diversity in base learners and features[J].
Journal of Computing and Information Science in Engineering, 2021,
21(2)：021004.

[186] Cao Y,Ding Y,Jia M,et al. A novel temporal convolutional network with residual
self-attention mechanism for remaining useful life prediction of rolling bearings
[J]. Reliability Engineering and System Safety,2021,215：107813.

[187] Zhou S,Xiao M,Bartos P,et al. Remaining useful life prediction and fault
diagnosis of rolling bearings based on short-time fourier transform and
convolutional neural network[J]. Shock and Vibration,2020(1)：1-14.

[188] Xiao L,Liu Z,Zhang Y,et al. Bearings remaining useful life prediction with
combinatorial feature extraction method and gated recurrent unit network[C]//
IEEE Data Driven Control and Learning Systems Conference. IEEE,2020.

[189] Liu,Li,Cao,et al. HKF-SVR optimized by krill herd algorithm for coaxial
bearings performance degradation prediction[J]. Sensors,2020,20(3)：660.

[190] A C C,B J D,C Y Z. A Koopman operator approach for machinery health
monitoring and prediction with noisy and low-dimensional industrial time series -

ScienceDirect[J]. Neurocomputing,2020,406: 204-214.

[191] She D,Jia M,Pecht M G. Sparse auto-encoder with regularization method for health indicator construction and remaining useful life prediction of rolling bearing [J]. Measurement Science & Technology,2020(10): 31.

[192] Tijare V,Nagaraj S,Sastry J,et al. Load capacity estimation of elliptical contact rolling bearings[J]. Materials Today: Proceedings,2020,24: 1686-1695.

[193] Cheenady A A,Arakere N K,Londhe N D. Accounting for microstructure sensitivity and plasticity in life prediction of heavily loaded contacts under rolling contact fatigue[J]. Fatigue & Fracture of Engineering Materials & Structures, 2020,43(3): 539-549.

[194] She D,Jia M. A BiGRU method for remaining useful life prediction of machinery [J]. Measurement,2020,167: 108277.

[195] Zhang Y,Wang A. Remaining useful life prediction of rolling bearings using electrostatic monitoring based on two-stage information fusion stochastic filtering [J]. Mathematical Problems in Engineering,2020(1): 1-12.

[196] She D,Jia M,Pecht M. Sparse auto-encoder with regularization method for health indicator construction and remaining useful life prediction of rolling bearing[J]. Measurement Science and Technology,2020,31(10): 105005.

[197] Yang H,Sun Z,Jiang G,et al. Remaining useful life prediction for machinery by establishing scaled-corrected health indicators [J]. Measurement, 2020, 163: 108035.

[198] Zhang H,Zhang Q,Shao S,et al. Sequential network with residual neural network for rotatory machine remaining useful life prediction using deep transfer learning [J]. Shock and Vibration,2020(1): 8888627.

[199] Daniyan I,Mpofu K,Oyesola M,et al. Artificial intelligence for predictive maintenance in the railcar learning factories[J]. Procedia Manufacturing,2020, 45: 13-18.

[200] Sauer D B. Investigation of cage pocket wear in solid-lubricated rolling bearings [J]. Tribologie and Schmierungstechnik,2020,67(1): 25-32.

[201] Nistane V M. Comparative performance of prognostics for remaining useful life of bearing[J]. Noise & Vibration Worldwide,2020,51(11): 208-222.

[202] Soualhi A,Medjaher K,Guy C,et al. Prediction of bearing failures by the analysis of the time series [J]. Mechanical Systems and Signal Processing, 2020, 139: 106607.

[203] Gao S,Zhang S,Zhang Y,et al. Operational reliability evaluation and prediction of rolling bearing based on isometric mapping and NoCuSa-LSSVM[J]. Reliability Engineering & System Safety,2020,201: 106968.

[204] Wang P,Long Z,Wang G. A hybrid prognostics approach for estimating

remaining useful life of wind turbine bearings[J]. Energy Reports,2020,6: 173-182.

[205] Pan Z,Meng Z,Chen Z,et al. A two-stage method based on extreme learning machine for predicting the remaining useful life of rolling-element bearings[J]. Mechanical Systems and Signal Processing,2020,144: 106899.

[206] Chen D,Qin Y,Wang Y,et al. Health indicator construction by quadratic function-based deep convolutional auto-encoder and its application into bearing RUL prediction[J]. ISA Transactions,2021,114: 44-56.

[207] Nezhad B,Mohammadi A. Prediction of the remaining useful life of the rolling element bearings using recurrent neural network[J]. The ISME Journal,2020, 21(2): 5-13.

[208] Wang H,Tang G,Zhou Y,et al. A novel multiscale deep health indicator with bidirectional LSTM network for bearing performance degradation trend prognosis [J]. Shock and Vibration,2020(1): 1-17.

[209] Kuo R J,Li C H. Predicting remaining useful life of ball bearing using an independent recurrent neural network[C]//MSIE 2020: 2020 2nd International Conference on Management Science and Industrial Engineering. 2020: 237-241.

[210] Zhang Y,Zhang M,Wang Y,et al. Fatigue life analysis of ball bearings and a shaft system considering the combined bearing preload and angular misalignment[J]. Applied Sciences,2020,10(8): 2750.

[211] Sofinskiy A N. Engineering procedure for evaluating the load-bearing capacity and life of a defective structure[J]. Space engineering and technology,2020: 36-49.

[212] Xu L,Pennacchi P,Chatterton S. A new method for the estimation of bearing health state and remaining useful life based on the moving average cross-correlation of power spectral density [J]. Mechanical systems and signal processing,2020,139: 106617.

[213] Peel J S. The oldest palaeoloricate mollusc (Cambrian Series 2,Stage 4: North Greenland) and its bearing on aculiferan evolution[J]. Bulletin of Geosciences, 2020,95(2): 127-144.

[214] Zhang T,Bailey B. Analysis of the position of the reducer intermediate shaft's influence on bearing selection[J]. IOP Conference Series Earth and Environmental Science,2020,558: 022066.

[215] Jouini N,Revel P,Thoquenne G. Influence of surface integrity on fatigue life of bearing rings finished by precision hard turning and grinding[J]. Journal of Manufacturing Processes,2020,57: 444-451.

[216] Tan M W P,Ng S W L,Chen J Y,et al. Long-term functional outcomes and quality of life at minimum 10-year follow-up after fixed-bearing unicompartmental knee arthroplasty and total knee arthroplasty for isolated medial compartment

osteoarthritis[J]. The Journal of Arthroplasty,2021,36(4)：1269-1276.

[217] Wang G,Xiang J. Remain useful life prediction of rolling bearings based on exponential model optimized by gradient method[J]. Measurement,2021,176(4)：109161.

[218] Yu W,Pi D,Xie L,et al. Multiscale attentional residual neural network framework for remaining useful life prediction of bearings[J]. Measurement,2021：109310.

[219] Chen C,Lu N,Jiang B,et al. A risk-averse remaining useful life estimation for predictive maintenance[J]. 自动化学报(英文版),2022,8(2)：412-422.

[220] Tian Q,Wang H. Predicting remaining useful life of rolling bearings based on reliable degradation indicator and temporal convolution network with the quantile regression[J]. Applied Sciences,2021,11(11)：4773-4800.

[221] Savin L. Method for on-line remaining useful life and wear prediction for adjustable journal bearings utilizing a combination of physics-based and data-driven models：A numerical investigation[J]. Lubricants,2023,11(1)：33-54.

[222] Wang C,Jiang W,Yang X,et al. RUL prediction of rolling bearings based on a DCAE and CNN[J]. Applied Sciences,2021,11(23)：11516-11539.